1951년,
열세 살 봉애

마음으로 읽는 역사동화
1951년, 열세 살 봉애

초판 1쇄 발행 | 2021년 10월 27일

글 | 김정옥 그림 | 강화경
펴냄 | 박진영
디자인 | 새와나무
펴낸곳 | 머스트비
등록 | 2012년 9월 6일 제406-2012-000154호
주소 | 경기도 파주시 심학산로 12 303호
전화 | 031-902-0091
팩스 | 031-902-0920
이메일 | mustb0091@naver.com

ISBN 979-11-6034-150-8 73810
ⓒ 2021 글 김정옥, 그림 강화경

품명: 1951년, 열세 살 봉애 | 제조자명: 머스트비 | 주소: 경기도 파주시 심학산로 12 303호
연락처: 031-902-0091 | 제조년월: 2021년 10월 | 제조국: 대한민국 | 사용연령: 10세 이상
취급상 주의사항 | 종이에 베이지 않도록 주의하세요. 책의 모서리가 날카로우니 던지거나 떨어뜨려 다치지 않도록 주의하세요.
KC마크는 이 제품이 공통안전기준에 적합하였음을 의미합니다.

1951년,
열세 살 봉애

김정옥 글 · 강화경 그림

차례

1. 할마이 집 가는 길 ••• 7
2. 기쁜 날, 할마이 생신 ••• 21
3. 수많은 사람을 뚫고 ••• 31
4. 또다시 희망을 품다 ••• 43
5. 오마니, 오마니! ••• 57
6. 돌아돌아 할마이 집에 오다 ••• 67
7. 순득이와 손을 잡고 ••• 79
8. 화물열차 지붕 위에서 ••• 93

9. 새로운 만남 ••• 105

10. 아귀아귀 먹는 아이 ••• 119

11. 거룻배와 트럭에 몸을 싣고 ••• 131

12. 낯선 피란민 수용소 ••• 141

13. 가엾은 순득이 ••• 155

14. 저는 이제 어캅네까? ••• 165

15. 달달한 봄바람이 불어오다 ••• 175

작가의 말_엄마가 보고 싶은 날 ••• 186

부록_1951년 1월의 이야기 ••• 190

1
할마이 집 가는 길

　순득이는 양팔을 벌리고 마당을 휘적휘적 뛰어다녔다. 그러더니 처마에 대롱대롱 줄지어 달려 있는 꽁꽁 언 명태순대를 한참 동안 쳐다보았다. 장대를 가져와 툭툭 치니 명태 한 마리가 땅에 떨어졌다. 또 한 번 건드리니 한 마리가 털썩 땅바닥에 나뒹굴었다. 순득이는 재미가 붙었는지 히죽히죽 웃으며 명태를 자꾸만 떨구었다.
　"순득이, 이 아새끼!"
　봉애가 잽싸게 달려가 순득이 등짝을 냅다 갈겼다. 순득이는 마당에 팍 고꾸라졌다.
　"오마니, 누이가 또 팼시오."

"간나가 동생을 왜케 못살게 구나야."

엄마가 정주간*에서 달려와 앞치마에 손을 문지르며 순득이를 일으켰다.

"오마니가 고생시럽게 만든 거인데 이래 장난질치지 않습네까?"

봉애가 눈이 찢어지도록 순득이를 흘겨봤다.

"덩말 우리 아들이 그랬습메?"

순득이는 배시시 웃으며 멋쩍은지 엄마 목을 와락 끌어안았다.

"할마이 생신 상에 올려놓으려고 만든 거인데 먹을 거루다 장난치면 되갔어? 안 되갔어?"

엄마는 순득이 몸을 간질이며 벙시레 웃었다.

"장난질 그만하구 얼피덩** 옷 갈아입고 할마이 집에 갑세다."

엄마는 순득이 볼에 얼굴을 비비며 사근사근하게 말했다. 봉애는 바닥에 나자빠져 있는 명태순대를 집으려다 말고 샐쭉하며 방으로 들어갔다. 엄마는 땡글땡글 언 명태순대 하나

* 부엌
** 얼른

하나를 행주로 탈탈 털었다. 커다란 함지에 한 마리씩 차곡차곡 쟁여 넣고, 한쪽엔 밤새 만든 명태로 삭힌 식해를 밀어 넣었다. 그러고 나서 흰 무명천으로 함지를 덮었다.

순득이는 귀마개가 달린 모자를 쓰고, 무릎 아래까지 내려온 두툼한 솜옷을 단단히 입고 나왔다.

"순득이, 할마이 집에 가이 좋네?"

엄마는 바람이 들지 않도록 귀마개를 꾹 누른 후, 목줄이 긴 벙어리 장갑을 손에 끼워 주었다.

"할마이 보깊다.*"

"해 지기 전엔 도착해야 하니 날래 가자우."

엄마는 두루마기 옷깃을 여미더니 함지를 머리에 이었다.

"오마니, 지난번처럼 또 비행기가 쌩쌩 날믄서 사방으로 폭격을 하믄 어카지요?"

봉애는 코트를 입고 안에 토끼털이 폭삭한 신을 신고는 몸서리를 쳤다.

"우리 국군과 유엔군이 압록강과 두만강까지 치고 올라가 그짝 지역은 난리가 아닐게야."

----
* 보고 싶다

엄마는 크게 한숨을 쉬며 옷가지랑 미역 한 다발, 무채를 실에 꿰어 말린 것 그리고 녹두 한 됫박이 든 짐 보퉁이를 움켜쥐었다.

"누이는 왜 쓸데없는 얘기를 해 가꼬 오마니를 걱덩시키네?"

"언제 또 쳐들어올지 모르니 봉애 말이 틀린 말은 아이디."

"우린 그래도 피양*에 사니까 다행이야요."

"안심하며 살 수 있는 세상이 빨리 와야 할 텐데 말이다."

"오마니, 내 들갔시요."

봉애는 엄마 손에 든 보퉁이를 잡아끌었다.

"내는 괜치않다.** 순득이 손이나 꽉 붙들라. 산길 미끄러워 허퉁허퉁하다 넘어진다이."

봉애는 순득이 손을 잡으려 했지만 순득인 어느새 미꾸라지마냥 쏙 빠져나갔다.

"순득이 저거이 말을 드럽게 안 듭네다."

봉애는 순득이를 흘겨보며 볼멘소리를 했다.

"냅두라. 사내새끼라구 저래 펄떡이는 게 좋은갑다."

* 평양
** 괜찮다

엄마는 팔을 휘휘 저으며 저만치 앞서가는 순득이를 바라보며 헤벌쭉 웃었다. 봉애는 바람에 날려 흩어지는 눈송이를 보며 사부작사부작 산언덕을 넘었다.

"아바지도 함께였으면 얼매나 좋으까."
봉애는 아버지 얼굴이 자꾸 알씬알씬했다.
"아바지 돈 벌러 회사 갔지 않네. 그것도 모르간?"
앞서가던 순득이가 언제 왔는지 봉애 코앞까지 얼굴을 들이밀며 혀를 날름 내밀었다.
"누가 몰라 그러간!"
봉애는 눈살을 찌푸리며 소리를 빽 질렀다.
'바보.'
순득이가 턱을 쳐들고는 붕어처럼 입을 뻐끔거리더니 냅다 도망쳤다.
"네가 바보다, 이 아새끼야! 아바지는 회사가 아니구 관청 다니시거든."
봉애는 종주먹을 들이대며 도망간 순득이를 바짝 쫓아갔다.
엄마가 얼굴을 일그러뜨리며 "어헛!" 헛기침을 했다.

"나이도 한참이나 어린 아새끼가 참 버르장머리도 없수다."

봉애는 입술을 쫑긋 내밀고는 느적느적 걸었다.

한참을 걸으니 제법 산이 깊어졌다. 저 멀리 지난여름 전쟁 난리통에 숨어 지냈던 산굴이 보였다. 산굴은 남들의 눈에 띄지 않도록 나뭇가지와 넝쿨로 얼기설기 엮어 만든 곳이었다.

"오마니, 한창 더운 여름에 우리 동리* 사램들허구 저 굴에 들어가 숨어 있었디요. 폭격기가 쌩쌩 날아댕기믄서 어찌나 쏴 댔는지. 그때 심장이 벌렁벌렁 무서워 죽는 줄 알았시요."

봉애는 산굴을 보자 그때 생각이 나서 다리가 후들거리고 가슴이 콩콩 뛰었다.

"너희들 끌어안고 가마이 숨죽이고 있다가 깜깜해지믄 슬금슬금 기어 나와 노구솥** 걸어 놓고 밥을 해 먹었디. 그래도 굶어 죽진 않으려고."

엄마는 여기저기 나뒹구는 거멓게 그을린 장작더미 앞에 멈칫하더니 머리를 절레절레 흔들며 몸서리를 쳤다.

---

* 동네
** 놋쇠나 구리쇠로 만든 작은 솥

"오마니, 전쟁은 온제쯤이나 끝이 납네까. 무서워 죽갔시요."

봉애가 한숨을 폭 내쉬며 고개를 설레설레 흔들었다.

"걱덩 말라우, 내가 커서 이렇게 다 무찔러 주갔어."

순득이가 나무때기 하나를 주워 들더니 탕탕거리며 총 쏘는 시늉을 했다.

"순득이 이눔아, 장난질이라도 그리하믄 못쓴다!"

엄마는 들고 있던 보퉁이를 내팽개치더니 순득이 손에 든 나무를 빼앗아 휙 내깔겼다.

"아! 알겠시요."

순득이가 휘둥그레진 눈으로 엄마를 쳐다보고는 손을 탁탁 털었다.

봉애가 얼른 보퉁이를 집어 들었다.

"아바지헌테라도 빨리 가믄 좋갔는데."

봉애는 웅얼웅얼하며 엄마를 힐끗 쳐다보면서 눈치를 살폈다.

"네 서울 핵교로 전학하는 서류만 떼면 메칠 안으로 곧 갈 거이다."

엄마는 봉애가 들고 있던 보퉁이를 다시 움켜쥐며 말했다.

"그라믄 이제 아바지랑 함께 사는 거야요?"

순득이는 소리를 지르며 팔짝팔짝 뛰다 눈길에 미끄러져 엉덩방아를 찧었다.

"하나도 안 아픕네다. 덩말입네다."

순득이가 벌떡 일어나 엉덩이를 털며 히히거리자 엄마도 벙시레 웃었다.

봉애도 이제 곧 아버지와 함께 산다고 생각하니 한결 기분이 나아졌다. 꽁꽁 얼어붙은 발도 시리지 않았다. 눈이 소복이 쌓인 길을 타박타박 걸을 때 와사삭와사삭 밥풀과자 깨무는 소리가 재밌기만 했다.

한참을 걸으니 어느새 해가 산등성이에 손톱만큼 걸려 있었다. 야트막한 산꼭대기에 올라서니 작은 마을이 한눈에 내려다보였다. 아기 손바닥보다 더 작은 초가집들이 오밀조밀하게 모여 있었다. 그중 할머니 집은 기와집이라 누가 봐도 눈에 확 띄었다.

"저짝으로 가믄 외삼촌 집, 이짝으로 가믄 할마이 집이디요. 이제 할마이 집 다와갑네다."

순득이가 갑자기 목소리를 높이더니 비탈길로 다다다 달

음질쳤다. 꽁꽁 언 개천을 미끄럼질 치듯 건너더니 할머니 집 대문을 열어젖혔다.

"할마이!"

할머니가 달려 나와 순득이를 얼싸안았다. 그러더니 허위허위 골목길을 달려와 엄마 손에 든 짐 보퉁이를 받아 들었다.

"아니 굳이 오디 말라니까 웬 고생을 사서 하네? 내일 봉애 학교 볼일 다 보고 천천히 와도 된다니까 그러네."

할머니가 보퉁이를 마루에 올려놓고는, 엄마 머리에 이고 있던 함지를 받아 툇마루에 털썩 내려놓았다.

"에휴, 오늘이 어마이 생신 아닙네까?"

엄마는 거친 숨을 내쉬며 손등으로 이마의 땀을 닦았다.

"엄동설한에 온통 땀범벅이구나야."

할머니는 툇마루에 걸터앉으며 엄마를 안쓰럽게 바라보았다.

순득이가 마당을 뛰어다니자, 풀어놓은 닭들이 우르르 도망 다녔다.

"순딕이 크는 거 보이 세월이 휙딱 가는 기 느끼겠구나야."

"할마이, 내 순딕이 아니고 순, 득, 이디요."

"고롬, 고롬. 우리 순딕이 멫 살이나 먹은 기지?"

할머니는 순득이를 보며 벙시레 웃었다.

"지난번에도 일곱 살이라 했는데 할마이는 만날 까먹습네까?"

"할마이 저는 새해 한 살 더 먹어 열세 살 되었습네다."

봉애는 할머니가 묻기도 전에 상글상글 웃으며 말했다.

"우리 봉애가 아주 야물어지는구나야."

할머니는 봉애를 흘끔 쳐다보더니 이내 순득이에게로 눈길이 갔다.

"우리 순딕이 억실억실하니* 잘생긴 기 보라우."

할머니는 눈을 가늘게 뜨고는 연신 벙글거렸다.

"어마이 생신이라 제가 명태로 식해랑 순대를 좀 만들어 왔시요."

엄마가 함지에 덮은 무명천을 걷어 냈다.

"식해는 새끼명태로다가 삭힌 기라 연하고 아주 쫄깃합네다."

"아주 먹음직스럽구나야. 근데 뭐이 이래 마이 해 왔니야?"

---

* 얼굴 모양이나 생김새가 선이 굵고 시원시원하다

"가까이 사는 친지 분들과 노느매기하시라고* 조금 여분 있게 했시요."

할머니의 환한 미소를 보며 엄마가 빙긋이 웃었다.

"봉애 큰아바지가 명태순대를 엄청 좋아하는데 이참에 좀 갖다 줘야겠구나."

할머니는 엄마가 해 온 음식들을 쟁반에 푸짐하게 담고는 보자기를 덮었다.

"할마이, 어데 가십네까? 내도 따라가겠습네다."

순득이가 어느 결에 할머니 곁에 달려와 헤헤거렸다. 할머니는 쟁반을 한 손으로 들고, 순득이 손을 잡고는 문을 나섰다.

---

* 나누다

2
기쁜 날, 할마이 생신!

"봉애야, 밥하기 광에서 불쏘시개 좀 가져오갔네?"

엄마가 정주간 아궁이 앞에 쭈그리고 앉아 안을 들여다보았다.

"여기 있시요."

봉애는 창고로 달려가 송진이 덕지덕지 엉긴 소나무 가지를 안고 와 바닥에 와르르 쏟았다. 바짝 마른 잔가지와 굵은 장작도 여러 개 더 날라다 놓았다. 엄마가 솔가지를 집어넣어 불을 지피니 죽어 가던 불씨가 화르르 살아났다. 엄마는 쌀을 씻어 안치고 얼른 미역국을 끓였다.

"봉애야, 풍로 좀 찾아 보그라."

엄마는 누글누글해진 명태순대를 먹기 좋게 썰면서 말했다.

"아까 전에 광에서 봤시요."

봉애가 창고에서 풍로를 들고 오자 엄마는 숯을 넣고 불을 피웠다. 봉애는 풍로에 석쇠를 올려놓고는 명태순대를 노릇노릇하게 구웠다.

엄마는 안방에 커다란 상을 편 후 푸짐하게 상을 차렸다.

"어마이, 생신 축하드립네다. 시장하실 터이 얼피덩 자시기요."

"고생시럽게 뭐이 이래 마이 차맀니야."

할머니는 서글서글 웃으며 상을 둘러보았다.

"할마이, 생신 축하드립네다!"

봉애와 순득이가 한목소리로 노래하듯이 말하면서 손뼉을 쳤다.

"고맙구나야. 맛있게 먹자우."

할머니는 미역국을 한술 뜬 후, 노리끼리한 명태순대를 쪽쪽 찢어 순득이 밥에 올려놓았다.

"자, 차차히* 씹어 먹으라."

---

* 천천히

할머니는 순득이 옆에 바짝 다가앉아 엉덩이를 툭툭 두드렸다.

"난 할마이가 만든 싱건지*가 더 좋습매."

순득이가 우적우적 씹으며 말하니 입속에 있던 밥알이 사

* 동치미

방으로 튀어나왔다.

"드러워, 밥 씹으믄서 말하는 거 아이다."

봉애가 눈이 찢어지도록 흘기며 퉁바리를 주었다.

"거, 내래 밥숟가락이 커서 흘리는 거외다!"

순득이는 콧구멍을 벌룽거리며 입을 실룩거렸다.

"좀 흘리면 어떠네."

할머니는 순득이 입가를 손으로 슥 닦더니 동치미를 한 숟가락 떠서 먹여 주었다.

"순득인 제 알아서 척척 먹습네다. 어마이 마이 드시라요."

엄마는 순득이 무릎을 바짝 잡아끌었다.

"이거이 쫄깃쫄깃하이 덩말 맛나구나야."

할머니는 손으로 명태를 쭉 찢어 한 움큼 입에 넣었다.

"덩말 맛납네다. 대체 어드렇게 만드는 겁네까? 오마니가 만드는 걸 보긴 했는데 너무 복잡해서 잘 모르갔습네다."

"음식에 관심을 갖는 거 보이 봉애가 시집 갈 때가 된 모양이구나야."

할머니는 연신 명태순대를 입으로 가져가며 허허 웃었다.

봉애가 헤헤 웃으며 엄마 등 뒤로 얼굴을 숨겼다.

"내래 시집와서 어마이가 해 주신 명태순대가 얼매나 맛있었던지."

엄마가 할머니를 쳐다보며 흐뭇한 미소를 띠었다.

"기러면 오마니는 할마이한테 배우신 기야요?"

"내 소상히 알려주디. 이 할마이 고향이 청진인데 명태순대가 그곳 별미란 말이다. 우선 명태를 신선한 놈으로 산 다음에 배를 가르지 않고, 제일 먼저 부출*을 떼야 한다. 그리고 대가리를 쌍동 자르고 나서는 안에 있는 내장을 모조리 훑어내야 하디."

할머니는 두 손을 움직이며 상세히 설명을 했다.

"그리구 메칠 말리고 꾸들꾸들해지면 차조밥을 해서 그 안

* '날개'의 방언

에 배추 우거지, 명태 알, 두부, 양념한 소고기를 볶아 넣는 기야."

할머니 뒤를 이어 엄마가 말을 했다.

"손이 많이 가는 음식인데 고맙게도 이래 정성껏 해 왔구나야."

할머니가 엄마 손을 꼭 잡으며 껄껄 웃었다.

"그러고 나서 갖은양념으로 잘 버무려서 명태 아가리로 쑤셔 넣으면 끝이디."

엄마가 봉애를 바라보며 웃었다.

"아! 맞다. 그런 다음 명태 아가리를 실로 꿰매고 빨랫줄에 메칠을 널어 말리면 되는 거디요?"

"고롬, 고롬. 봉애가 똑똑하구나야. 저 아가 뭘 해도 하갔어야."

할머니와 엄마는 와르르 웃음을 터뜨렸다.

순득이는 밥을 한 그릇 뚝딱 비우더니 꾸벅꾸벅 졸고 있었다. 봉애는 상을 윗목으로 쭉 밀고는 순득이 머리에 베개를 놓아주고 몸을 바로 눕혔다.

"봉애가 다 컸구나야."

"저가 밥 차리는 동안도 제 곁에서 알짱거리메 마이 도왔습네다."

할머니가 흐뭇하게 봉애를 바라보자 엄마도 빙긋이 웃었다.

부엌일을 마치고 들어온 엄마는 이부자리를 폈다. 이불이 풀썩이는 바람에 등잔불이 하늘거렸다. 엄마는 곯아떨어진 순득이를 안아 이부자리에 눕혔다. 어느새 봉애도 새근새근 잠이 들었다.

"어마이, 애들 핵교가 피양*이라 뫼시고 살지 못해 늘 송구합네다. 시골에서 혼차 얼매나 적적하십네까."

"괜치않다. 문 열고 서너 걸음만 가면 다 일가친척 아니네."

"애들 아바지가 닷새 있다 출장 오는데 나라도 어수선하니 이참에 서울로 이사 가잡네다. 그래봤자 계획보다 한 달 당겨지는 게지요."

"네 시아바지도 예** 묻혀 있고, 내는 고향 안 떠난다고 여러 번 말했디 않네?"

"어마이 뫼신다구 커다란 집도 얻었다 했시요. 애들 아바

---

* 평양
** 여기

지가 마음이 달떠 있습네다."

"너희나 잘 살믄 되니끼니 내 걱덩은 말라."

할머니는 엄마 손을 맞잡고 옅은 미소를 지었다.

"쟈들 핵교 방학하믄 그때나 한 번씩 와서 자구 가면 되지 않갔."

할머니는 봉애와 순득이 얼굴을 번갈아 보며 이불귀를 잡아당겨 꾹꾹 눌렀다.

"자, 고단할 터이 자자꾸나야."

할머니가 등잔불에 입김을 불자 방 안은 칠흑 같은 어둠에 싸였다.

"어마이, 저희 집은 어차피 그냥 두고 갈 거이니 큰 염려 마시고, 언제든 맘 편히 드나드시믄 됩네다."

엄마는 나긋나긋한 목소리로 다시 입을 뗐다.

"이제 고만하구 눈 좀 붙이라."

"예, 어마이도 푹 주무시라요."

어슴푸레 창이 밝아오자 엄마는 살그머니 일어났다. 정주간에 나가 쭈그리고 앉아 아궁이를 살핀 후 장작 두어 개를 불 속에 던지자 불길이 홧홧하게 타올랐다.

아침 일찍 밥을 먹고 엄마는 서둘러 상을 치웠다.

"갈 길이 머이 날래날래 옷 갈아 입읍세다."

할머니는 순득이 옷을 들고 환하게 웃었다.

"할마이, 내는 예서 하룻밤 더 자믄 안 되갔습네까."

순득이 입가엔 웃음이 삐죽삐죽 새어 나왔다.

"그기 갑즉스레 무신 말이가?"

할머니가 어리둥절한 표정을 지었다.

"순칠이 형이 오늘 구슬치기 한판 붙자고 했시요. 동무들 허구 편 갈라 딱지치기도 하자고 합데다."

"어제 큰아바지 집에 가서 신이 나서 놀더이 순칠이와 그런 꿍꿍이가 있었구나야."

할머니가 순득이 머리를 쓰다듬으며 웃었다.

"우리 순딕이, 야밤에 어마이 찾으며 우는 기 아니네?"

"아참, 할마이도!"

"순득이 뎡말이간?"

봉애가 깜짝 놀라 순득이를 바라봤다. 순득이 까만 눈이 초롱초롱 빛이 났다.

"내 언제 가짜루 말합데까?"

"이 아새끼 제법이네. 다 컸구나야."

봉애가 순득이 머리를 마구 흩트리며 깔깔거렸다.

"어마이, 순득이가 마이 큰 것 같습네다. 그라믄 저는 내일 봉애 전학 서류 떼 갖고 날래 오갔습네다."

엄마가 흐뭇한 미소를 띠며 빙그레 웃었다.

"순딕이 저게 예 있겠다는 기 웃음이 나 죽겠구나야."

할머니가 손으로 입을 가리며 연신 히쭉거리며 웃었다.

"오마니, 약속! 내일은 꼭 오는 기야요?"

순득이는 새끼손가락을 내밀었다.

"고럼. 내일 일찍 올 터이 할마이 말 잘 듣고 있으라."

엄마는 순득이 새끼손가락에 손가락을 걸고는 약속을 했다.

엄마와 봉애가 길을 나서자, 멀어질 때까지 할머니와 순득이가 손을 흔들었다.

3
수많은 사람을 뚫고

 저녁 어스름이 스멀스멀 내릴 무렵에야 봉애는 집으로 돌아왔다.
 엄마는 잠시 쉬지도 않고 부스럭거리며 서울로 이사 갈 짐을 챙겼다.
 "오마니, 순득이가 없으이 심심하고 적적합네다."
 봉애는 순득이와 함께 찍은 사진첩을 한 장 한 장 들추며 들여다보았다.
 "그렇게 투닥투닥 다투더이 벌써 동생이 보깊네?"
 "처음 떨어져 보이 마이 허전합네다."
 "못살게 굴고 귀찮게 해도 동생이 막상 없으이 보깊은 게

로구나."

엄마는 이부자리를 펴며 말했다. 봉애가 눕자 엄마는 등잔을 끌어 머리맡에 두었다. 등잔불이 호르르 춤을 추는 것 같았다.

"자자꾸나. 내일 아침 핵교 가서 날래 일 보고 할마이 집에 서둘러 가자이."

엄마가 등잔불을 끄자 온 세상이 어둠에 휩싸였다.

얼마나 지났을까. 하늘이 찢어질 듯 쌩쌩 폭격기가 나는 소리가 들리더니 이어서 우르르 쾅, 우르르 쾅! 폭탄 터지는 무시무시한 소리가 들렸다.

"잠잠하더이 이게 또 무신 일이가?"

엄마가 봉애를 와락 끌어안았다.

"오마니."

봉애가 엄마 품에 안겨 오돌오돌 떨며 울먹였다.

"귀 틀어막고 가마이 있으라. 내래 나가 보고 올터이."

엄마는 등잔에 불을 밝히고 봉애에게 이불을 뒤집어씌우고는 살금살금 큰길로 나갔다. 벌써 수많은 사람이 이동하고 있었다. 옷이랑 봇짐을 머리에 이고, 등에 짊어지고 어디론가 가고 있었다.

"이보오, 어드메들 가십네까?"

엄마가 달구지를 끌고 가는 사람을 붙잡고 물었다.

"저 폭격 소리 안 들립네까? 벌써 다리도 다 끊어졌답디다. 쭈물거리지 말고 어서 피란 가시라요."

눈빛이 날카로운 남자가 퉁명스레 말을 했다.

"전에처럼 산속 방공호로 가믄 되는 겁네까?"

"중공군이 쳐들어 와 곧 여기도 접수한답네다. 사램들 따라 남하하다 보면 무신 방법이 있갔디요."

사람들은 발길을 재촉했다.

"사흘이믄 끝난답네다. 날래 움직이시라요."

하늘에선 수십 대의 전투기에서 달걀만 한 게 날아와 폭격을 했다. 그럴 때마다 시뻘건 불길이 쏟아졌다.

'한동안 잠잠하더이 또 무신 날벼락이가!'

엄마는 허둥지둥하며 집 안으로 뛰어 들어왔다.

"나지오, 나지오!"

엄마가 등잔불을 끌어와 라디오 주파수를 맞춘 후 귀를 가까이 댔다.

"큰일이구만. 중국에서 중공군이 내려와 공습한다는구나

야. 봉애야, 가자!"

엄마는 이불을 뒤집어쓰고 빼꼼 얼굴만 내밀고 있는 봉애를 잡아끌었다.

"오마니, 또 산굴에 숨어야합네까."

봉애가 바들바들 떨며 울먹였다. 엄마는 계속 라디오에 귀를 기울였다.

"유엔군이 다시 반격한다 하지 않네. 기러니까 메칠만 할마이 집에 가 피신하자꾸나야. 순득이, 우리 순득이한테 가야디."

엄마는 봉애에게 옷을 겹겹이 껴입히고 그 위에 두터운 솜옷을 덧입혔다.

"얼어 죽진 않갔다."

엄마는 뒤주에서 당장 먹을 쌀 한 줌과 옷가지를 허겁지겁 챙겼다. 이불장을 열어젖혀 베개를 꺼내 들고 앞니로 베갯잇을 푹 찢었다. 베개 속에서 쌀겨가 우르르 쏟아져 나왔다. 거칠거칠한 쌀겨를 뒤적이니 비단 주머니가 손에 잡혔다. 엄마는 비단 주머니에 들러붙은 쌀겨를 훌훌 털고는 패물을 확인했다. 그러고는 가슴팍에 꽁꽁 숨겼다.

"오마니, 이것도."

봉애는 책꽂이에 가지런하게 세워진 두툼한 사진첩을 들고 서 있었다.

"금방 다시 집으루 돌아올 기다. 그건 이사 갈 때 챙기자우."

봉애는 사진첩을 후다닥 펼쳐 보았다. 순득이와 봉애의 귀여운 모습들이 고스란히 담겨 있는 사진들을 물끄러미 들여다봤다. 엄마는 봉애가 들고 있던 사진첩을 마당에 있는 빈 항아리 안으로 휙 던져 넣었다. 그리고 그 위에 베개와 솜이불을 쑤셔 박고는 뚜껑을 덮었다. 엄마는 봉애 옷깃을 단단히 여몄다.

"정신 똑바로 차리라! 팔이 잘리 나가도 이 어마이 손을 절대 놓으면 안 된다이."

봉애는 잔뜩 겁먹은 눈으로 고개를 끄덕이며 엄마 손을 꽉 잡았다.

"참!"

봉애는 갑자기 엄마 손을 뿌리치더니 부엌으로 달려갔다. 수저통에 꽂혀 있는 놋수저를 한 움큼 집어 들었다.

"아바지 꺼. 이건…… 순득이가 큰 숟가락으로 먹으면 자꾸만 밥을 흘린답네다."

봉애는 손에 쥔 놋수저를 행주로 꽁꽁 싸맨 다음 옷 보따리 속에 찔러 넣었다. 엄마가 말없이 고개를 끄덕였다. 엄마는 한 손은 봉애 손목을 움켜쥐고, 또 한 손은 보따리를 쥐고는 사나운 밤바람을 마주하며 떨어지지 않은 발걸음을 옮겼다.
"이 사램들을 뚫고 우리는 거슬러 올라가야 한다이. 이 손 절대루 놓치믄 안 돼. 알갔지!"
엄마 눈에서 빛이 번쩍번쩍 나는 것 같았다.

봉애는 말없이 고개만 끄덕였다.

　전투기가 폭격하는 소리가 하늘을 찢는 것 같았다. 어디선가 따닥따닥 콩 볶는 듯한 총소리가 귓전을 울렸다. 엄마와 봉애는 가슴 졸이며 물밀듯 쏟아져 나오는 인파를 겨우겨우 뚫고 걸었다.

　"아주마이, 왜 까꾸로 갑네까!"

　한 아저씨가 엄마를 보며 소리를 버럭 질렀다. 아저씨의 거칠거칠한 얼굴에 움푹 들어간 눈에선 이글이글 불이 타오

르고 있었다. 엄마는 봉애 손목을 쥔 채 고개를 푹 숙이고는 들은 척도 안 했다.

"비키시라요! 왜 앞을 막고 버티고 있습네까?"

"여길 어드르케* 뚫고 간단 말입네까?"

사람들은 엄마를 쳐다보며 아우성을 쳤다.

"우리 아들놈이 두둠골에 있습네다. 어린기 얼매나 이 에미를 찾겠습네까."

엄마는 반쯤 정신이 나간 사람마냥 울부짖었다.

어디서 이렇게 많은 사람이 쏟아져 나왔는지 사람들을 뚫기는커녕 한 발짝도 움직일 수가 없었다. 엄마와 봉애는 사람들 사이에 끼어 몸이 자꾸 뒤로 밀려갔다.

"캑! 캑. 오마니 숨, 숨이 맥힙네다."

봉애가 가냘픈 소리로 울먹였다.

"조금만 참으라. 순득이한테 가야지 않네."

"컥, 컥!"

"왜 그러네?"

송글송글 땀범벅이 된 봉애 얼굴은 빨개졌다가 어느새 파

---

* 어떻게

랗게 질려 있었다. 엄마는 어쩔 줄을 몰라하며 봉애 얼굴을 어루만졌다.

"야야, 정신 좀 차리라우."

엄마는 울먹이며 봉애를 흔들었다. 봉애는 한참을 할딱할딱 가쁜 숨을 쉬더니 이내 울음을 토해 냈다.

"미안허구나."

엄마가 봉애 어깨를 감싸 안고 흐느끼자 봉애는 더욱 큰 소리를 내며 울었다.

사람들을 따라 한참을 걷다 보니 어느덧 사방이 고요했다. 엄마는 봉애 어깨를 두 손으로 감싸 안고, 사람들을 따라 빈 집으로 들어가 방 한구석에 쪼그려 앉았다. 고개를 들어 창밖을 보니 깜깜한 하늘에 작은 별들이 넘실거렸다. 봉애는 순득이 얼굴이 떠오르자 눈물이 솟았다.

"순득이가 보깊습네다."

봉애는 한참을 훌쩍거리더니 온몸을 축 늘어뜨린 채 곯아떨어졌다. 엄마는 넋이 나간 사람마냥 멍하니 있다가 무릎 사이에 얼굴을 묻고는 가늘게 흐느꼈다.

"죽을 수는 없디 않습네까."

한 아주머니가 엄마에게 양푼을 내밀었다. 양푼 바닥엔 보리밥이 깔려 있었다.

엄마는 잠시 쭈뼛거리다 두 손으로 양푼을 받아 들었다. 그러고는 보따리를 뒤적이더니 쌀이 든 누런 봉지를 아주머니에게 내밀었다.

"고저 서로 돕고 사는 게 정 아니갔습네까. 넣어 두시라요."

아주머니는 누런 봉지를 다시 엄마 보따리 속에 쑤셔 넣으며 빙그레 웃었다.

 엄마는 김이 모락모락 나는 보리밥을 주먹밥처럼 동글동글하게 만든 뒤 봉애를 흔들어 깨웠다. 봉애가 손에 쥔 밥을 엄마 입에 먼저 갖다 대자 엄마는 먹는 둥 마는 둥 했다. 봉애는 주먹밥을 한 손으로 받치고 꾸역꾸역 입에 넣었다.

4
또다시 희망을 품다

 창밖이 희미하게 밝아오고 있었다. 봉애는 눈을 뜨자마자 엄마 손을 꼭 잡고 길을 나섰다. 눈보라가 휘몰아치는 새벽바람은 몹시 사나웠다. 귓불이 떨어져 나갈 것만 같았다. 엄마는 멈춰 서서 봉애의 옷깃을 여미고는 귀마개도 꾹 눌러 주었다.

 "쯧쯧 신발이 다 타져* 양말이 젖었구나야. 발 시리갔다."

 엄마가 봉애 발끝을 보며 혀를 찼다. 봉애는 아무 말 없이 신발을 한번 보고는 타박타박 눈길을 걸었다.

---
* 꿰맨 데가 터지다

"오마니, 할마이 집은 아딕 먼기야요?"

"외삼촌 집 먼저 갈 기야. 그리 멀지 않으니 거기서 밥도 배부르게 먹고, 신발도 얻어 신고 가자꾸나."

엄마가 봉애 어깨에 팔을 두르고 말했다. 봉애는 밥도 실컷 먹고, 따듯한 방에서 몸까지 녹일 생각에 발걸음이 빨라졌다.

해가 환하게 얼굴을 내밀었을 때 야트막한 산꼭대기에 다다랐다. 그곳에선 외삼촌 사는 동네가 한눈에 내려다보였다.

"아니, 저게 뭐이가!"

엄마가 깜짝 놀라 소리쳤다.

마을 전체가 거무죽죽해 보였다. 많은 집이 폭격을 맞았는지 폭삭 무너졌고, 불에 타 꺼멓게 그을려 있었다. 외삼촌 집을 찾기도 쉽지 않아 보였다.

엄마는 보따리를 내려놓고는 그 자리에 털썩 주저앉았다. 이 춥고 매서운 날 집집마다 굴뚝에서 피어오르는 연기조차 볼 수가 없었다. 큰 건물에서는 인공기*도 휘날리고 있었다.

"동리가 텅 빈 것 같아요."

---

* 북한기

봉애는 등골이 오싹했다.

"큰일이구나. 어케 된 건디 모르갔네."

엄마는 인공기를 쳐다보며 몸서리를 쳤다. 그러더니 힘겹게 일어나 보따리를 들었다. 봉애는 엄마 손을 잡고 한 발 한 발 내디디며 언덕을 내려 왔다.

길엔 수많은 사람이 나자빠져 있었다. 땅바닥은 온통 핏물 바다였다. 팔다리가 떨어져 나간 사람, 얼굴 한쪽이 없는 사람, 눈을 뜨고 죽은 사람. 수많은 시체가 온 천지에 나뒹굴었다.

"오마니! 못 가겠습네다."

봉애는 몸을 움츠리고는 바들바들 떨었다.

"어마이가 잡아줄 터이니 눈 감으라."

봉애는 그렁그렁 눈물을 매단 채 엄마 허리춤을 붙들고 한 발짝씩 움직였다. 엄마도 역시 사시나무 떨듯 바들바들 떨고 있었다. 엄마도 울고 있었다. 봉애는 엄마도 무섭고 두려워하는구나 생각하며 감고 있던 눈을 떴다. 그러고는 눈을 똑바로 뜨고 피로 휘감은 시체를 피해 한 발 한 발 발을 내디뎠다.

"여기 같은데."

엄마는 폭격을 맞아 대문도 사라지고, 담장은 반쯤 허물어진 집 앞에서 서성거렸다. 봉애는 엄마 치맛자락을 붙든 채 형체도 알아보기 어렵게 폭삭 내려앉은 집 안으로 들어갔다.

"우리 오라바니 아니네! 이…… 이게 어케 된 거가!"

외삼촌이었다. 가슴에 총을 맞았는지 피를 쏟은 채 마당 한가운데 쓰러져 있었다. 몸은 이미 뻣뻣하게 굳어 있었다. 엄마는 미친 사람처럼 울부짖으며 외삼촌을 잡아 흔들었고, 얼굴을 어루만지며 울고 또 울었다. 봉애도 쭈그리고 앉아 소리 없이 눈물만 흘렸다. 한참 후, 엄마가 멍하니 섬돌에 걸터앉아 하늘을 쳐다보았다. 하늘에는 푸실푸실 눈발이 흩날리고 있었다.

외삼촌 집 마당 한구석에는 덕구가 쓰러져 있었다. 덕구는 집도 잘 지키고, 사람 말도 잘 알아듣는다고 식구들이 귀여워하던 풍산개였다. 그런데 덕구는 반질반질 윤이 나던 하얀 털은 온데간데없고 온몸이 피로 범벅이 되어 있었다. 덕구의 감지 못한 눈에도 피눈물이 고여 있었다.

그때, 한 할머니가 비척거리며 마당 안으로 들어왔다.

"빈집에 누구시라요?"

할머니는 어리둥절한 표정을 지었다.

"제 오라바니 집에 왔습니……."

엄마가 할머니에게 다가서면서 또 울음을 터뜨렸다.

"박시완이 동상이구만. 이 동리는 인민군이 쳐들어와 다 죽이고 까부스고 난리가 아니었제. 에휴, 말마시라요."

할머니는 쓰러져 있는 외삼촌을 바라보며 몸서리를 쳤다.

"기러면 이 집 식구들은 다들……."

"이 자만…… 안타깝게 이 꼴이 됐디. 다른 식구들은 다 남하했시요."

"어르신은 어째 혼차* 계십네까?"

"내 나이 팔십이 다 돼 가는데……."

할머니는 허실허실 쓸쓸한 미소를 지었다.

"이 집에 먹을 거이가 있나 모르겠시다. 인민군 아새끼들이 빈집을 다 들쑤시고 다녀서 말이야. 우리 집으로 오라. 지금 따라 오라우."

"아닙네다. 숨 좀 돌리고는 곧 일어날 겁네다."

"아딕 인민군이 숨어 있다는 소문이 있어. 절대 불 때지 말라요. 연기 나는 것 보면 득달 같이 달려와 쏴 죽인다우. 그 아새끼들 짐승만도 못한 인간들이디."

---

* 혼자

"이 산 너머 두둠골은 괜치않습네까?"

"내래 모르디만, 거긴 왜 물어보오?"

"어린 아들이 시어마이* 집에 있습네다."

"아들 찾으러 가는 길이었구만. 이따 갈 때 저짝 수양버들 뒤에 샛길 있다우. 험하지만 그짝 길은 기래도 안전하다 그럽디다."

"어르신 감사합네다."

엄마가 연신 고개를 숙여 인사를 했다.

"이 에미나이 배 고프겠구나야, 내 나물하고 밥 줄 터이 퍼뜩 가자우."

할머니는 봉애 손을 잡아끌었다.

"네, 그럼 좀 이따 실례 좀 하갔습네다."

"고럼 기렇게 하시요. 저기 우물터 바로 앞 집이라요."

할머니가 떠난 뒤 엄마는 집이 다 무너져 방인지 밖인지 구분도 안 되는 곳을 뒤적거렸다. 그러더니 두터운 솜이불을 들고 나와 외삼촌 몸을 덮어 주고는 그 앞에 서서 또 한참을 훌쩍거렸다.

---

* 시어머니

봉애도 덕구의 목줄을 풀어 주고는 두툼한 담요로 몸을 가려 주었다.

'잘가, 덕구야.'

봉애는 덕구 곁에 한참을 서성댔다.

엄마는 허드레 천으로 폭격 맞아 무너져 내린 대청마루 한 귀퉁이를 대충 문지르더니 이불을 겹겹이 두텁게 깔았다.

"봉애야, 예 와서 앉으라. 잠시 발만 녹이고 가자꾸나."

엄마는 봉애 손을 잡아끌어 앉히며 눈길에 젖은 양말을 벗겼다.

"발이 꽁꽁 얼었구나야. 동상이라도 걸리믄 큰일인데."

엄마는 봉애 발에 호호 입김을 불며 조몰락거렸다. 그러고는 어디선가 양말 한 무더기를 가져왔다.

"이거 신으라. 남자가 신었던 거이면 어떠네. 사촌들인데. 이 신발도 신어 보라."

"신발은 마이 커 보입네다."

"양말을 여러 개 껴 신으면 되디 않간?"

봉애는 양말을 겹겹이 신으며 살포시 웃었다.

엄마는 정주간으로 나가 샅샅이 뒤졌으나 먹을 것이라고는 손톱만큼도 없었다. 물 항아리에 물이 절반쯤 차 있었지만 그나마 얼어붙어 있었다.

"배 고프디? 불을 때지 못하니 아무것도 먹을 수가 없구나야."

엄마는 보따리를 풀어 부스럭거리더니 하얀 쌀을 꺼내 봉애 손에 한 줌 쥐어 주었다.

"생쌀이라도 씹으면 좀 낫갔디. 몸 녹을 동안 이거라도 우물거리자꾸나."

봉애는 흩날리는 눈을 보며 쌀을 오도독오도독 씹었다. 쌀 씹는 소리가 집 안에 그득했다.

"순득이는 잘 있갔지요?"

"그래야지. 할마이도 무탈하신지 모르갔구나."

"으으……."

봉애가 갑자기 신음 소리를 내더니 배를 움켜쥐고는 몸을 동그랗게 웅크렸다.

"아…… 갑자기 배가 아픕네다."

"갑즉스레 왜 기러니? 왜 이러는 게야."

봉애가 발딱 일어나 구석에서 웩, 웩 토악질을 하더니 먹은 걸 다 토해 냈다.

"게워 내니 좀 괜찮네?"

엄마가 봉애 등을 두드리며 문질러 주었다.

"끔찍하고 참혹한 광경을 이래 마이 보았으니 이 어린기 얼매나 놀랐을고."

엄마는 봉애 얼굴을 어루만지며 눈물을 삼켰다.

엄마가 정주간에 가서 항아리에 얼어붙은 얼음을 깨고는 물을 한 바가지 떠 왔다.

"춥디만 물 먹으라."

봉애는 얼음물을 마시고는 오돌오돌 떨면서 이불을 뒤집어썼다.

"이제 좀 나아졌시요"

"기래, 기래. 다행이구나. 아까보다는 낯빛이 좀 돌아왔어야."

엄마가 그제야 이불 속으로 들어오며 발을 주욱 뻗었다.

"이거 보간?"

엄마는 환한 미소를 지으며 가슴에 꽁꽁 숨겨 두었던 비단 주머니를 꺼냈다.

"그건 아바지와 혼인할 때 받은 보석 아닙네까?"

"기다려 보라우."

엄마는 비단 주머니에서 꼬깃꼬깃 접힌 누런 양회 종이*를

꺼내어 펼쳤다.

"이기 무엇이에요, 오마니?"

봉애는 눈이 휘둥그레졌다. 누런 종이엔 꼬불꼬불하게 길이 그려져 있었다.

"네 아바지가 선견지명이 있었구나야. 혹시 무신 일 생겨 우리끼리 가게 될 경우를 대비해 이래 약도를 그려 준 거이

---

* 시멘트를 담은 봉지를 찢어 만든 종이

아니네?"

"이것만 있으믄 아바지 집 찾아갈 수 있는 기야요?"

"고롬, 고롬. 피양에서 기차를 타고 서울역에서 내리디. 서울역에서 던차*를 타고는 중앙청역에서 내리믄 아바지 직장이고, 세 덩거당 더 가믄 효자동이야. 여기서 내려서 요롷게 작은 골목길을 따라 걷다 보면 통인동 58번지, 예가 우리가 이사 갈 집이란다."

엄마는 손가락으로 길을 따라 짚어 가며 소리 죽여 말했다.

"빨리 아바지 만나고 싶습네다."

"서울은 유엔군이 단단히 지키고 있어서 안전하다드라. 우리 순득이 데리고 아바지한테 가자꾸나야."

엄마 목소리엔 힘이 들어가 있었다.

"우리 봉애 기분이 좀 나아졌네?"

봉애는 고개를 끄덕였다.

"이래 희망을 가지든 못 할 기 없는 기야. 그 힘으로 또 가 보자꾸나."

엄마가 봉애 등을 토닥였다.

---

* 전차

"가만. 와 기렇게 몸을 덜덜 떠네. 눈이 퀭한 거 보이 뭐이라도 좀 먹어야 하지 않간?"

엄마는 봉애 얼굴을 쓰다듬었다.

"괘치않습네다."

"염치 불구하고 그 할마이한테 갔다 올 터이니 잠시 그거 보고 있으라."

엄마는 봉애 어깨까지 이불을 푹 덮어 주고는 서둘러 신발짝을 끌며 나갔다.

5
오마니, 오마니!

엄마가 마당을 벗어나자 눈발이 제법 굵어졌다. 봉애는 눈을 크게 뜨고는 양회 종이를 유심히 살펴봤다. 아버지 직장 주소와 이사 갈 집 주소가 또렷이 적혀 있었다. 또박또박 정성을 다해 쓴 글씨를 보니 아버지가 더 보고 싶었다. 봉애도 엄마처럼 손가락 끝으로 아버지가 그려 준 구불구불한 곡선을 따라가 보았다. 통인동 58번지라는 곳에 손가락이 멈추었다. 이곳이 우리가 살 집이라니 도무지 믿기지가 않았다. 곧 아버지를 만나고, 우리 네 식구가 다 함께 산다는 게 꿈만 같았다.

'오마니가 왜 안 오는 기지?'

봉애가 밖으로 나가 보려고 일어나려 할 때였다.

"탕, 탕, 탕!"

총소리가 들렸다. 어찌나 소리가 크던지 귀가 찢어질 것만 같았다. 봉애는 등골이 오싹했다. 이불 속으로 파고들어 가 귀를 틀어막고는 숨을 죽였다.

'오마니!'

봉애는 손등으로 눈물을 훔쳤다.

그때, 집 뒤쪽에서 저벅저벅 발자국 소리가 들렸다. 봉애는 심장이 벌렁벌렁 가슴을 뚫고 튀어나올 것만 같았다. 우렁우렁 남자들 목소리가 들렸다. 봉애는 이불 밖으로 귀를 빼꼼 내밀었다.

"방금 저 간나 말이다. 이 딥에서 나온 기 아니가? 박시완이 집 말이다!"

쩌렁쩌렁한 남자 목소리는 바로 옆에서 말하는 것처럼 또렷하게 들렸다. '박시완'이라는 말을 듣자마자 봉애는 소름이 끼치고 온몸이 와들와들 떨렸다.

"저 간나가 낯은 좀 익지만 우리 동리 사램이 아닙네다. 제가 누굽네까 이 동리 반장 아닙네까."

다른 남자가 느물느물 웃으며 거들먹거리는 소리가 들렸다.

"긴데 저 간나가 왜 밥주발을 들고 있냔 말이다!"

"괜한 사램 쏴 죽여 놓고, 거 덩말 뭬라는 겁네까?"

"박시완이 그 종간나새끼, 고망쥐*처럼 어드메 숨어 있는 기 아이냔 말이야!"

남자는 소리를 빽 지르며 역정을 냈다.

"섭섭하겠시리 와 그러십네까? 박시완이 반동분자 그 아새끼래 내가 직접 쏴 죽였디 않습네까. 그 집 개 새끼까지 쏴 죽여 개미 새끼 한 마리도 없습네다. 들어가서 눈으로다가 직접 확인해 보시갔습네까?"

다른 남자도 흥분을 했는지 격하게 말했다.

"확실한 거디?"

"기럼요. 기러믄요, 저만 믿으시라요."

"내한테 뭐이 눈깔을 부라리며 승질을 부릴 것까지야 없디 않네?"

"못 믿으시니깐 너무 억울해 가지구 그만. 미안하외다."

다른 남자가 흐흐흐 웃었다.

"기분 나쁘이 키들거리디 말고 담배 있으믄 하나 달라."

두 남자는 한참 동안 외삼촌 집 뒤쪽에서 머물더니 어느새

---

* 생쥐

발걸음이 차츰 멀어졌다. 사방은 고요해졌다.

'우리 외삼촌을 죽인 사램들이구나.'

봉애는 가슴이 떨리고 온몸이 후들거려 숨을 쉴 수가 없었다.

'오마니는 어드러케 된 거일까.'

봉애는 밥이고 뭐고 간에 이곳을 빨리 떠나고 싶은 마음이 굴뚝 같았다. 봉애는 이불을 들추고 살그머니 밖으로 나왔다. 엄마가 신으라던 사촌 오라비의 신발에 발을 꿰었다. 양말을 두둑이 신어서인지 그런대로 신을 만했다. 봉애는 살금살금 발소리를 죽이며 툭 건드리기만 해도 사르르 무너질 것 같은 담장 뒤에 몸을 숨겼다. 밖을 살펴보니 아무런 인기척이 없었다. 저 멀리 우물이 보였다. 우물 옆 할머니 집까지 빨리 뛰어야겠다고 마음먹었다. 바닥에 지천으로 깔려 있는 시신들이 끔찍하고 두려웠지만 봉애는 큰 숨을 들이마시고는 속으로 숫자를 세었다.

'하나, 두울, 세엣!'

봉애는 엄마를 찾아야겠다는 생각에 앞만 보고 달렸다.

"후우, 후우, 푸, 푸."

어디선가 거친 숨소리가 들렸다. 마치 동물 소리 같기도 하고, 사람 신음 소리 같기도 했다. 봉애는 머리카락이 쭈뼛 서고 등줄기가 서늘했다. 몸을 바짝 옴츠리며 주춤했다.

"보, 보애야!"

얼핏 엄마 목소리가 들리는 것 같았다. 봉애는 자리에 주저앉아 몸을 낮춘 뒤 사방을 살펴보았다.

"보…… 봉…… 애."

역시 엄마 목소리였다.

"오, 오마니! 오마니 어딨시오."

봉애는 허둥대며 엄마를 찾았다. 아! 엄마가 쓰러져 있었다. 눈이 소복하게 쌓인 곳에 엄마가 파묻혀 있었다. 엄마는 온몸에 피가 흥건한 채 두 손으로 밥사발을 가슴에 품고 있었다.

"오마니…… 울 오마니 좀 살려 주시라요!"

봉애는 엄마 옷자락을 잡아 흔들며 허공에다 소리를 질렀다. 엄마는 눈꺼풀을 파르르 떨더니 피눈물이 그렁그렁한 눈을 가늘게 떴다.

"안 돼!"

엄마가 떨리는 손을 입술에 갖다 댔다.

봉애는 고개를 끄덕이며 제 손으로 입을 틀어막았다.

"순…… 드……."

엄마는 거칠게 숨을 몰아쉬며 입을 뻐끔거렸다. 몸을 꿈틀꿈틀 버르적거리며 가슴에서 비단 주머니를 꺼내어 봉애 손에 쥐어 주었다. 품고 있던 밥사발이 한데로 데굴데굴 굴렀

다. 보리밥과 김치와 나물이 사방으로 흩어졌다.

"오마니! 안 돼!"

봉애는 엄마 옆구리에서 뭉텅뭉텅 쏟아지는 피를 손으로

틀어막았다. 붉은 피가 봉애 손등으로 넘쳐 흘렀다.

"가! 가."

엄마가 입술을 바르르 떨며 가쁜 숨을 내뿜었다.

"안 가! 오마니 두고 못 갑네다."

봉애는 무릎을 꿇고 엄마 손을 꼭 잡고는 고개를 휘휘 저었다.

"수…… 수드……이 찾…… 아바지……."

엄마는 떠듬거렸다. 숨을 헐떡이는 엄마의 눈빛이 점점 흐려졌다. 엄마는 피눈물을 주르륵 흘리면서 몸을 몇 번 꿈틀대더니 이내 팔을 축 늘어뜨렸다. 봉애는 엄마 옷자락을 잡고 몸부림을 쳤다. 누가 들을까 봐 소리를 내지도 못하고 주먹으로 입을 틀어막고 울었다. 얼마나 울었는지 머리가 아득해지면서 차츰 정신까지 가물가물했다.

그때 누가 봉애를 발로 툭툭 쳤다. 소스라치게 놀란 봉애는 오들오들 떨면서 코가 땅에 닿도록 고개를 수그렸다.

"이러고 있으믄 너도 죽는다."

여자 목소리였다.

봉애는 목소리가 나는 쪽으로 슬며시 고개를 들었다. 짧은

단발머리를 한 여자와 어린 여자아이가 서 있었다. 어린아이는 입술을 꾹 다문 채 코를 훌쩍였다. 훌쩍일 때마다 누런 콧물이 입술까지 내려갔다 다시 콧속으로 들어갔다를 반복했다. 봉애는 넋이 나간 얼굴을 하고는 두 사람을 멍하니 쳐다봤다.

어린아이가 느닷없이 땅바닥을 발발 기어갔다. 그러더니 흙 묻은 보리밥을 두 손으로 주워 입에다 마구 쑤셔 넣었다. 밥을 채 삼키기도 전에 나물과 김치도 아귀아귀 씹어 댔다. 단발머리 여자는 우두커니 그 아이를 바라보았다.

"우리 오마니도 총에 맞아 죽었어야. 아바지도."

단발머리 여자 눈에 눈물이 그렁그렁했다. 그러더니 아무 말 없이 손가락으로 건물 이곳저곳을 가리켰다. 인공기가 펄럭이는 이곳은 이미 인민군이 점령한 곳이라 했다.

봉애가 몸을 비틀거리며 자리에서 일어났다.

"그래도 살아야지, 우리는."

단발머리 여자는 제 목에 두른 목도리를 풀어 봉애 목에 둘둘 감아 주었다. 여자는 얼굴 사방에 밥알과 김치 국물로 얼룩진 아이의 손을 잡고는 산길을 향해 걸어갔다. 봉애는 단발머리 여자와 어린아이의 뒷모습을 바라보았다. 어린아이의 어깨가 자꾸 들썩이는 걸 보니 여전히 코를 훌쩍이는 것 같았다.

봉애는 후들거리는 몸을 끌고 겨우겨우 외삼촌 집으로 돌아왔다. 마당에 쪼그리고 앉아 하얀 눈으로 피 묻은 손과 얼굴을 문질렀다. 그러고는 피와 흙으로 덕지덕지 범벅이 된 겉옷을 벗어 던지고, 보따리 속에서 말끔한 솜옷을 꺼내어 갈아 입었다. 그리고 이불 위에 펼쳐진 누런 양회 종이를 고이 접어 피로 붉게 얼룩진 비단 주머니 안에 챙겨 넣었다. 그러고는 엄마처럼 가슴 깊숙이 꽁꽁 숨겼다. 엄마와 먹다 남은 쌀 봉지도 보따리에 쑤셔 넣었다. 봉애는 보따리를 짊어지고는 천천히 외삼촌 집을 나섰다.

엄마는 하얀 눈을 뒤집어쓴 채 차가운 바닥에 덩그러니 누워 있었다. 엄마 몸에서 흘러내린 피가 하얗게 쌓인 눈을 붉게 물들였다. 봉애는 엄마 몸 위에 흩뿌려진 눈을 살살 털었다. 그러자 손발을 축 늘어뜨린 엄마 모습이 드러났다. 봉애는 보따리에서 엄마 옷을 꺼내어 몸 위에 가만히 덮어 주었다.

'순득이 데리고 반드시 아버지 찾아가겠습네.'

봉애는 울지 않았다.

6
돌아돌아 할마이 집에 오다

인공기가 바람에 펄럭이는 소리만 요란할 뿐 마을 전체가 쥐 죽은 듯 잠잠하고 고요했다. 봉애는 한 발 한 발 힘을 내어 작은 샛길로 접어들었다. 밥을 먹어 본 지가 언제인지도 모르는데 봉애는 배가 고픈지도 몰랐다.

하늘은 잔뜩 흐린 잿빛이었지만 푸실푸실 내리던 눈은 어느새 그쳤다. 하지만 윙윙 사나운 소리를 내며 바람이 불 때마다 눈보라가 몰아쳤다. 봉애는 눈을 뜰 수가 없었다. 봉애는 귀마개를 꾹 누르고, 목도리를 더욱 조였다. 너무 큰 신발을 신어서인지 발이 자꾸 덜그럭거렸다.

봉애는 나뭇등걸에 쌓인 눈을 털고 걸터앉았다. 신발을 고쳐 신으려는데 멀리서 자동차 소리가 들렸다. 자동차는 돌을 튕겨내는지 요란한 바퀴 소리를 냈다. 봉애는 얼른 풀숲에 몸을 숨겼다. 사람들 눈에 띌까 봐 가슴이 쿵쿵 뛰었다.
 군용 지프와 트럭 수십 대가 줄지어 지나가고 있었다. 짐칸에 다닥다닥 붙어 앉은 인민군들은 기다란 총을 어깨에 메고, 인공기를 흔들면서 고래고래 소리 높여 노래하고 있었

다. 봉애는 몸을 더욱 납작 엎드렸다. 트럭이 지나간 후에도 봉애는 한참 동안이나 고개를 수그린 채 있었다. 너무나 무서워 심장이 터질 것 같았다.

한참 후, 봉애는 슬그머니 고개를 들고는 주위를 살펴보았다. 자리에서 일어나 옷에 묻은 눈을 털었다. 그런데 신발 한 짝이 벗겨져 있었다.

"한 짝이 어디 갔디?"

봉애는 두리번거리며 신발을 찾다가 돌부리에 걸려 그만 넘어졌다.

"아!"

갑자기 몸이 기우뚱하더니 균형을 잃고 주르륵 미끄러졌다. 한참을 걷잡을 수 없이 데굴데굴 굴러 내려가더니 옆구리에 나뭇가지가 걸려 겨우 멈추었다. 봉애가 정신을 차린 후 위를 올려다 보니 사방이 뾰족뾰족한 바윗덩이였다. 아찔했다. 모서리에 찍히지 않은 게 천만다행이라는 생각이 들었다.

"워어우우."

산짐승 소리가 들렸다. 금방이라도 산짐승이 튀어나와 잡아먹을 것만 같았다. 봉애는 등골이 오싹하며 소름이 끼쳤다. 그저 몸을 옹크린 채 숨을 죽이고 있을 수밖에 없었다. 잠시 후 정신을 가다듬은 봉애는 미끄러진 흔적을 따라 안간힘을 쓰며 손발로 기어 다시 올라가기 시작했다. 그런데 그만 발을 헛디뎌 또다시 곤두박질쳤고, 몸이 떼구루루 굴렀다. 그러더니 움푹 패인 구덩이 안으로 털썩 떨어지고 말았다.

정신이 아득했다. 몸이 움직여지질 않았다. 봉애는 눈을 감은 채 가만히 있었다. 멀리서 새 소리가 났다. 어찌나 구슬

프게 우는지 마치 아기 새가 엄마를 찾으며 슬피 우는 것 같았다. 봉애는 엄마 생각에 눈물이 복받쳤다. 양손으로 입을 틀어막아도 울음은 자꾸 비어져 나왔다. 봉애는 소리를 죽이며 울었다. 봉애는 느닷없이 엄마에게로 달려가고 싶은 마음이 불붙는 듯이 일었다.

엄마 없이 살아서 뭐 하나, 과연 순득이는 살아 있을까. 할

머니 집에 가는 길도 이렇게 험한데 아버지는 어떻게 찾으러 가나.

봉애는 무섭고 두려운 마음이 자꾸 일었다.

"오마니! 오마니, 보깊습네다."

봉애는 소리를 내어 울었다. 눈물은 차가운 흙과 눈이 뒤엉켜 흐르고 있었다. 그동안 가슴 안에 꾹꾹 눌렀던 서러움이 복받쳐 한꺼번에 쏟아져 나왔다. 봉애는 울면서 몸부림을 쳤다. 한참 울다가 눈을 떠보니 무성한 나무 사이로 잿빛 하늘이 보였다.

"오마니! 보깊습네다. 오마니, 오마니!"

봉애는 먼 하늘을 향해 소리를 질렀다. 봉애가 크게 외칠 때마다 멀리 산등성이에서 메아리가 들렸다. 마치 엄마가 대답을 해 주는 것 같았다. 엄마 목소리를 들은 것 같아 봉애는 마음이 한결 푸근해졌다.

봉애는 다시 한번 기운 내 주변에 널린 칡넝쿨을 잡고 가까스로 구덩이에서 빠져나왔다.

"푸드덕."

갑작스런 소리에 몸이 움찔했다.

"앗! 깜짝이야. 놀가지잖네?"

귀여운 노루 한 마리가 눈을 반짝이며 봉애를 쳐다보고 있었다.

"왜 혼자네? 너도 오마니가 없네?"

봉애는 노루를 바라보며 솜옷에 뭉친 눈을 팡팡 소리 내어 털었다. 그 소리에 놀랐는지 노루는 겅중거리며 도망쳤다.

봉애는 몸이 한결 가벼워진 느낌이 들었다. 다시 한 발 한 발 힘을 내어 산을 올랐다.

"아! 그 길이다."

구불구불한 산길을 한참 오르니 아는 길이 나왔다. 불과 며칠 전만 해도 엄마와 순득이와 함께 할머니 집에 가던 바로 그 길이었다.

'순득이가 전쟁이 나면 다 무찔러 준다고 했는데.'

봉애는 순득이를 생각하니 더욱 보고 싶었다. 봉애는 신발을 한 짝만 신은 채 타박타박 산비탈을 내려갔다.

드디어 두둠골이 한눈에 들어왔다. 역시 이곳도 전쟁이 휩쓸고 지나갔나 보다. 여기저기 폭격을 맞아 무너진 집들이 눈에 띄었다. 초가지붕이 통째로 날아간 집들도 있었고, 시커멓게 불에 타 군데군데 구멍이 뚫린 집들도 있었다.

봉애는 가슴이 두근두근 떨렸다. 갑자기 피로 범벅된 엄마 모습이 어른거리면서 순득이와 할머니가 걱정되었다. 봉애는 왈칵 눈물이 쏟아졌다. 다리가 후들거리고 심장이 떨려 자리에 그만 주저앉았다.

봉애는 눈을 감고 한참을 앉아 있다가 눈물을 훔치며 자리에서 일어났다. 그러고는 등에 짊어진 보따리를 고쳐 메고 좁은 길을 따라 한 발짝씩 발을 떼었다. 폭격 맞아 주저앉은 초가집 사이로 할머니 집이 눈에 들어왔다. 할머니 집은 다행히 무사했다. 봉애는 숨이 턱에 차오르도록 할머니 집으로 달려갔다. 마침 대문이 열려 있었다.

"할마이, 할마이! 순득아!"

봉애는 신고 있던 신발 한 짝마저도 벗어 던지고, 나머지 한쪽 흙 묻은 양말을 벗어 버렸다. 그러고는 잽싸게 마루에 올라 방문을 열었다. 아무도 없었다. 건넌방에도 정주간에도, 할머니도 순득이도 보이지 않았다. 모든 세간살이는 다 그대로 있는데 아무 데도 사람이 보이질 않았다. 봉애는 맨발로 마당 한가운데 서서 소리쳤다.

"할마이!"

봉애는 울음이 울컥 솟았다.

"할마이, 어딨시요!"

봉애는 목청을 높여 소리 질렀다. 눈가에 그렁그렁 맺혔던 눈물이 주룩 흘렀다.

"봉애야!"

할머니 목소리였다.

할머니가 숨을 헐떡이며 대문 앞에 우뚝 서 있었다.

"할마이."

봉애가 달려가 할머니를 와락 끌어안았다. 할머니는 봉애 얼굴을 어루만져 주었다.

"순득이는?"

"순딕이는 산속 산굴에 있다. 인민군이 완전히 빠져나간 것 같긴한데, 혹시 몰라 이 동리 사람들 모조리 다 숨었어야."

"순득이 살아 있는 거 맞디요?"

"살아 있디. 고럼."

"할마이는 왜 안 숨었시오?"

"솥단지 이고 가서 몰래 밥 해 먹으메 내내 산굴에 숨었었디. 그르다 메칠 전부터 낮으로는 숨었다가 밤이 되믄 살금살금 내려왔어야. 시방 집으로 오는데 점방 주인네가 글쎄, 어떤 간나가 우리 집으로 디갔다는 기야."

할머니가 가쁜 숨을 몰아쉬며 얘기하는 동안 봉애는 눈을 반짝거리며 할머니를 쳐다봤다.

"할마이랑 순득이가 다 무사해서 다행이야요."

"시대가 왜 이 모냥이네. 큰일이구나야."

할머니는 한숨을 쉬면서 봉애가 짊어진 보따리를 벗겼다.

"얼피덩 안으로 들어가자우."

봉애는 흙 묻은 양말을 한 겹 벗고는 할머니를 따라 들어갔다. 할머니는 보따리를 윗목에 놓고 아랫목에 깔려 있는 이불을 젖히고는 봉애 손목을 잡아끌어 앉혔다.

"근데 혼차서 웬일이냐, 네 어마이는 어드러케 된 거이네?"

할머니 목소리가 떨리면서 눈빛이 흔들렸다.

"……."

봉애는 아무 말도 못 하고 닭똥 같은 눈물만 뚝뚝 흘렸다.

"설마."

"오마니는 총에."

봉애 입술이 파르르 떨렸다.

"세상에."

할머니가 바닥에 풀썩 주저앉아 눈물을 흘렸다.

"나 때문이야요. 나 멕일려구 밥 얻으루 갔다가."

"아니다, 아니다. 이 어린기 얼마나 놀랐을고."

할머니가 흐느끼며 봉애 등을 살살 쓸어 주었다.

"혼차 살아서 예까정 왔구나. 용타, 용해."

할머니는 눈물을 훔치며 일어나더니 부엌에 가서 물 한 사발을 들고 들어왔다.

"자, 물 한 모금 마시라."

봉애는 달싹거리며 천천히 물을 들이켰다.

할머니가 봉애 모자와 옷을 벗겼다. 그러자 봉애는 눈에 젖은 양말도 벗었다. 발이 퉁퉁 불어 있었고, 발가락이 다 까져 피가 맺혀 있었다. 벌겋게 부은 발가락은 감각조차 없어 보였다.

"산속에서 신발 한 짝을 잃어버려서."

"쯧쯧, 얼매나 아팠을고."

할머니는 봉애 발에 빨간 물약을 발라 주며 호호 입김을 불었다.

"동상 걸린 기 아니네?"

할머니는 따스한 손으로 퉁퉁 불은 봉애 발을 조몰락조몰락거렸다. 봉애가 쑥스러워 슬그머니 발을 뺐다.

"괜치않다."

할머니는 다시 봉애 발을 잡아끌어 살살 주물렀다. 어느새 봉애는 온몸을 축 늘어뜨리며 잠이 들었다. 할머니는 봉애를 바로 눕히고 나서도 한동안 발과 손을 만지작거리며 주물렀다. 그리고 나서 이불을 덮어 주고는 바람이 들지 않게 양옆 이불귀를 눌렀다.

할머니는 정주간으로 가서 아궁이에 쭈그리고 앉아 불을 지폈다. 화르르 불길이 치솟자, 굵은 장작 몇 개를 더 집어 던졌다. 할머니는 두터운 겉옷을 걸치고는 대문 밖으로 나가 산으로 향했다.

7
순득이와 손을 잡고

어두컴컴할 무렵에야 할머니는 순득이 손을 잡고 살금살금 방으로 들어왔다.

"할마이, 정말 누이 맞습네까?"

순득이는 토끼처럼 동그래진 눈을 하고는 봉애 얼굴에 코를 디밀었다. 할머니가 등잔불에 불을 밝히자 방안이 금세 환해졌다.

"누이! 덩말 봉애 누이 맞네."

순득이는 봉애 어깨를 잡아 흔들었다.

"좀 더 자게 냅두라. 곤하게 자는 아를 왜 깨우네."

할머니는 손가락을 입에 갖다 대며 순득이 바짓가랑이를

잡아끌었다.

"할마이, 오마니는? 오마닌 어딨시요?"

순득이는 부산스럽게 방안을 왔다갔다하며 엄마를 찾았다.

"순득아!"

그때 봉애가 부스스한 얼굴로 일어나 순득이를 와락 껴안았다.

"누이, 보깊었어."

"나도 엄청시리 보깊었어."

"오마니는?"

"오마니도 순득이 너를 엄청 많이 많이 보깊어 했디."

봉애가 순득이 얼굴을 살살 쓰다듬어 주었다.

"근데 오마니는 어딨는 기야?"

"……."

봉애는 순득이를 끌어안은 채 울음을 터뜨렸다. 할머니가 두 팔을 벌려 봉애와 순득이를 안아주었다.

"너희들이 서울 가믄 되는 기야."

할머니가 울먹이며 봉애와 순득이를 토닥였다.

"싫어, 오마니 빨리 오라 해. 나 데리러 온다고 손가락까지 걸고 약속해 놓고선!"

순득이가 발을 바둥바둥거리며 울었다.

"내일 가믄 되지 않간? 예서 기차 타믄 금방 서울 도착이란 말이다."

할머니가 문갑에서 노티*를 꺼내어 순득이 입에 넣으며 달랬다.

"지금 기차 탈래. 오마니 보갚단 말야."

순득이는 노티를 우물우물 씹으며 고집을 부렸다.

"지금은 기차가 없는데 우터하란 말이네. 서울 가는 기차는 아츰에 한 번뿐이 없어야."

"싫어. 내래 지금 가고 싶단 말이야."

"그르케 생떼를 부려도 소용없어야. 봉애 배고프갔어. 밥 차려 올 터이 밥 먹자우."

할머니는 속이 상해서 텅텅거리며 정주간으로 갔다.

"왜 누이 혼차만 온 기야!"

순득이는 봉애 팔을 잡아 흔들며 눈을 부라렸다. 봉애는 고개를 떨군 채 손톱만 만지작거렸다.

"누이, 지금 빠스 타고 서울 가믄 좋갔어."

---

* 차조, 기장, 찹쌀 따위의 가루를 쪄서 엿기름에 삭혀 지진 떡

순득이는 입술을 쭉 내밀고 시무룩한 얼굴을 하며 울먹였다.

"순득아, 밤에 움직이는 건 옳디 않아."

"난 얼피덩 가구 싶단 말야."

"이 동리도 폭격 당해 난리지만, 다른 동리는 말도 말아야. 시완이 외삼촌 알디? 외삼촌네 동리는 전체가 다 폭격 맞아 불에 타 없어졌어. 그리구 나쁜 놈들이 총으로 사램들을 모조리 다 쏴 죽였어야."

"기러면 나도 이루케 빵야 빵야 쏘면 되디 않갔어?"

순득이는 손가락을 접더니 총 쏘는 시늉을 했다.

"그거이 오마니가 제일루 싫어하는 행동인 거 알디?"

봉애가 순득이 접힌 손가락을 펴자 순득이가 무안한지 머리를 긁적였다.

"여기도 전투기가 폭탄을 쏴서 작은아바지가 다쳤어. 그래서 우리도 산굴에 숨은 기야."

순득이가 몸을 부르르 떨었다.

"작은아바지는 괜찮으시네?"

"작은오마니가 소독하고 치료해 주는데 움직이질 못한대."

"큰일이구나야. 전쟁은 얼매나 무섭고 끔찍한지 몰라야."

저녁밥을 먹은 후, 할머니는 이부자리를 폈다. 하늘거리는 등잔불을 보자 봉애는 엄마 모습이 알씬거렸다. 불과 며칠 전만 해도 엄마도 이곳에 함께 있었는데 이제는 엄마가 없다. 영원히 엄마는 없는 거다. 옆에서 새근새근 자는 순득이 얼굴을 내려다보니 봉애는 눈시울이 뜨거웠다. 할머니가 입김을 불어 등잔불을 끄자 방안은 깜깜했다. 봉애는 가만히 순득이 손을 잡았다. 포동포동한 순득이 손은 무척 따뜻했다.

'오마니, 내래 순득이 찾았시오.'

봉애는 순득이 손을 힘주어 꼭 잡았다. 울컥 목울음이 솟았다.

"할마이."

"으흠, 왜애?"

할머니도 울었는지 목이 멘 것 같았다.

"내래 여기 있으믄 안 되갔습네까? 전쟁이 끝나믄 아바지가 예로 오시지 않갔시요?"

봉애는 또다시 길을 나선다는 게 끔찍하다는 생각이 들었다.

"전쟁이 온제 끝날 지는 누구든 모르는 기야. 유엔군인지 뭔지가 도와줘 다 이겼다 했디 않네. 기래서 좀 살 만하다 했는데 이루케 맥없이 역전될 줄은 꿈에도 몰랐다야. 중국에서 중공군이 쳐들어올지 누가 알았네!"

할머니 목소리가 촉촉했다.

"그라믄 할마이도 함께 가시믄 안 되갔습네까?"

"그…… 그게 말이다. 내 사실 너한테 말을 안 한 게 있다."

할머니가 부스럭거리며 일어나 등잔불에 불을 붙이자 방 안이 다시 환해졌다. 봉애도 일어나 앉아 할머니를 쳐다봤다. 할머니가 눈시울을 붉히며 코를 훌쩍였다.

"네들이 아즉 어려서 말을 안 하려고 했다만."

할머니 입술이 바르르 떨렸다.

"네들 큰아바지가 인민군 놈들에게 잡혀갔어야."

"피란 간 게 아니라 잡혀간 기야요? 왜요, 할마이."

"얼마 전 야밤에 인민군들이 횃불을 들고 반동을 색출한다고 집집마다 뒤지고 다녔디. 그러더이 무신 사상이 어쩌구 하믄서 네 큰아바지한테 총부리를 들이대더이…….“

할머니는 눈물을 흘리면서 코를 팽 풀었다.

"네 작은아바지는 폭격 맞아 전신을 다쳐서 오늘내일한다. 대체 이게 무신 날벼락인지 모르갔다."

봉애는 할머니를 꼭 끌어안았다.

"어린 너희들만 보내려니 가슴이 아프다만, 내래 네 작은 아바지도 그렇구, 큰아바지를 기다려야 하디 않갔네?"

"……."

"나지오 들어 보이 어드메는 중공군 놈들이 기찻길도 다리도 다 박살 냈다드라."

"그라믄 어드르케 되는 겁네까?"

"여기도 기차 끊어질까 봐 가슴 졸여 죽갔어. 네들이 한시라도 빨리 남하해서 네 아바지를 만나러 가믄 좋갔다."

봉애는 가만히 고개를 끄덕였다.

"저세상에서 네 어마이도 그르길 원할 기다."

자근자근한 할머니 목소리가 가늘게 떨렸다.

"할마이, 알갔시오. 순득이 데리고 내일 아츰에 떠나겠시요."

봉애는 엄마에게 순득이와 함께 아버지를 만나겠다고 약속을 해 놓고 잠시 흔들렸던 마음이 부끄러웠다.

"기래, 기래. 고맙구나야."

할머니가 코를 훌쩍거리며 돌아누웠다.

할머니는 날이 밝기도 전에 일어나 아침밥을 준비했다. 봉애와 순득이는 서둘러 밥을 먹고는 각자 보따리를 챙겼다. 순득이는 신이 나서 팔짝팔짝 뛰었다. 봉애는 순득이 옷 여러 벌과 할머니가 싸 준 쌀도 두둑이 챙겼다.

"이것도 넣어 두라."

주먹밥이었다. 할머니는 하얀 쌀밥을 동글동글하게 만들어 내밀었다.

"요긴하게 잘 먹갔습네다."

주먹밥을 보자 봉애는 입이 벌어졌다.

봉애는 가슴에 꽁꽁 숨겨 두었던 비단 주머니를 꺼냈다. 불그스름한 피가 얼룩얼룩 묻어 있었다. 주머니에서 누런 양회 종이를 빼고는 할머니에게 내밀었다.

"이거이 할마이한테 맡기고 가겠습네다."

"그거이 뭐이가?"

"귀중한 것입네다. 오마니 혼인 때 받은 패물······."

"느그 어마이 꺼 아니가? 무신 소리네! 네가 잘 간직하라."

봉애가 고개를 흔들었다.

"어마이 생각하며 잘 보관하라. 그리고 살다보믄 예기치 못한 일이 생길 때가 있어야. 그때 어마이가 도와주는 기다 생각하고 눈 딱 감고 요긴하게 쓰라."

할머니는 봉애에게서 누런 종이를 빼앗듯이 잡아채고는 비단 주머니에 도로 집어넣었다. 그러고는 할머니가 손수 봉애 가슴팍에 꼭꼭 잘 숨겼다. 이렇게 큰 보따리, 작은 보따리 두 개가 되었다. 봉애와 순득이는 두툼한 옷을 입고 양말도 겹겹이 신었다. 그리고 보따리를 하나씩 어깨에 짊어졌다.

"띠링, 띠링."

그때 대문 밖에서 자전거 소리가 났다. 이내 낯익은 아저씨가 봉다리를 하나 들고 들어왔다. 할머니네 산지기 송 씨 아저씨였다.

"아자씨, 안녕하셨습네까?"

봉애와 순득이가 나란히 서서 인사를 했다.

"기래, 기래. 고생 많구나야."

아저씨는 봉애 머리를 쓰다듬더니 불쑥 봉지를 내밀었다.

"네 신발이다. 어제 할마이가 산굴 올라가시다가 나한테 들러 네 신발 걱덩하시드라"

"어머나."

봉애는 멋쩍게 웃으며 할머니와 아저씨를 번갈아 쳐다보았다.

"이 신발 사느라 고생했어야. 다들 피란을 갔는지 문을 연

점방이 없어 멫 시간 돌아 댕기며 계우계우 하나 찾았는데 마침 이게 있는 기야."

아저씨가 어깨를 으쓱거리며 호탕하게 말했다.

"어서 신어 보라."

아저씨가 허허 웃으며 말했다.

봉애는 봉지에서 새 신발을 꺼내어 발을 꿰어 넣었다. 신발이 푹신푹신하면서 낙낙하게 잘 맞았다.

"아주 편하고 따스합네다. 정말 고맙습네다."

봉애가 입을 벙시레 벌리고는 할머니한테 허리를 굽혀 인사를 했다. 그리고 아저씨에게도 꾸벅 인사를 했다.

"어르신, 손주들 기차 잘 태워주고 오갔습네다. 자, 준비 다 됐으믄 자전거 타라우."

아저씨는 봉애와 순득이를 바라보며 웃었다.

"아자씨 자전거 타고 가는 겁네까?"

순득이가 좋아서 깡충깡충 뛰었다.

"할마이, 오마니랑 자주 놀러 오갔습네다."

"억실억실허게 잘생긴 우리 순딕이, 잘 먹고 건강해야 한다이."

할머니는 순득이 목도리를 조여 주며 손이 닳도록 얼굴을

어루만지고 또 매만졌다.

순득이가 할머니에게 힘차게 인사를 하고는 아저씨 앞쪽에 올라탔다.

"할마이……."

봉애는 눈시울이 뜨거웠다. 봉애가 양손을 내밀어 할머니 손을 잡았다.

"무슨 수가 있어도 살아남아야 한다이."

할머니 눈가가 진물진물했다.

"할마이도 건강하시라요. 아바지 만나믄 다 함께 찾아오갔습네다."

하룻밤 사이에 할머니가 더욱 야윈 것 같았다. 봉애는 자글자글한 할머니 손을 만지니 코끝이 아려 왔다.

봉애가 아저씨 뒷자리에 털썩 올라앉았다.

"아바지 만나 잘 살라."

할머니는 애써 눈물을 보이지 않으려고 참는 것 같았다.

아저씨 자전거가 뒤뚱뒤뚱하더니 힘겹게 움직였다. 봉애가 뒤를 돌아보니 할머니는 제자리에 서서 한참 동안 손을 흔들고 있었다. 봉애는 싸늘한 바람을 맞으며 두둠골을 둘러보았다.

'오마니가 여길 오려고 그렇게 애를 썼는데.'

봉애가 생각에 잠기는 동안 어느새 자전거는 기차역에 도착했다.

8
화물열차 지붕 위에서

 기차역은 이미 수많은 피란민으로 발 디딜 틈 없이 북적였다.
 "이거이 큰일이구나. 탈 수나 있는지 모르갔네."
 아저씨가 주머니에서 돈을 꺼내어 표를 끊으려고 보니 이미 창구 문이 닫혀 있었다.
 "이게 어케 된 거디? 봉애야, 여기서 움직이디 말고 잠시만 있으라."
 아저씨가 당황했는지 어리둥절하더니 허둥허둥거리면서 이 사람 저 사람하고 이야기를 나누었다.
 "기차를 타야 하는데 이미 인민군이 다 쓸어버려서 객차가

끊겼단다. 곧 화차*가 들어오니 그걸 꼭 타야 하는데 큰일이다."

아저씨가 순득이 손을 꼭 잡고는 사람들 사이를 요리조리 빠져나갔다. 봉애는 자칫 아저씨를 놓칠세라 눈을 부릅뜨고 아저씨 뒤를 바짝 따라붙었다. 기차 승강장에는 사람들이 더 많았다. 피란민들이 계속 밀물처럼 밀려왔다.

"이렇게 많은 사람들이 다 화차를 타려고 기다리고 있으니 참!"

아저씨는 혼잣말을 하며 어쩔 줄 몰라 했다.

세 사람은 '룡성역'이라고 써진 팻말 앞에 겨우 자리를 잡았다. 그러나 사람들이 서로 밀치는 바람에 몸이 앞으로 자꾸만 떠밀려 갔다. 아저씨는 순득이 어깨에 팔을 둘렀다. 봉애는 아저씨 옷자락을 힘주어 꽉 잡았다.

"이제 곧 도착하려나 보다. 제대로 탈 수 있을까? 꼭 타야 하는데."

아저씨는 중얼거리며 초조해했다. 봉애는 아무 말도 못 하고 아저씨 눈치만 살폈다. 순득이도 부쩍 말수가 줄었다.

---

* 화물을 싣는 차

"아무 데라도 꼭 타야 한다."

봉애는 결의에 찬 눈으로 아저씨를 쳐다보며 고개를 끄덕였다.

"네들 아바지 잘 만나라."

아저씨가 봉애와 순득이 머리를 쓰다듬어 주었다.

그때 멀리서 "뿌우, 뿌우." 기적 소리가 웅장하게 들렸다. 봉애는 가슴이 콩닥콩닥 뛰었다.

"이 손 놓으면 안 돼. 알았지?"

봉애가 순득이 손을 꼭 잡고 말했다. 순득이는 봉애를 멀뚱멀뚱 쳐다보며 고개를 끄덕였다.

기차가 하얀 김을 내뿜으며 "치이익." 소리를 내며 멈춰 섰다. 사람들은 아우성을 치며 서로를 밀치고 법석을 떨었다. 화물을 실은 기차라지만 사람들로 이미 꽉 차 있었다. 더 이상 비집고 들어갈 틈조차 보이질 않았다. 아저씨는 순득이와 봉애 손을 잡고는 이리 뛰고 저리 뛰면서 어쩔 줄 몰라 했다. 기차가 떠난다는 표시로 또 한 번 기적 소리를 냈다.

"마지막 화물 열차다!"

사람들은 괴성을 질렀다.

봉애는 기차를 놓칠 것 같아 가슴이 조마조마했다.

"오르라!"

아저씨는 봉애를 덥석 안더니 검붉게 녹이 슨 사다리로 밀어 넣었다. 봉애는 영문도 모른 채 사다리를 잡고 한 발 한 발 기어올랐다. 맨 위 꼭대기에 올라서자 누군가가 봉애 옷자락을 힘껏 잡아끌었다. 그곳은 바로 화물 열차 지붕 꼭대기였다.

"순득이는요!"

봉애는 미친 듯이 뒤를 돌아보았다. 바로 그때 아저씨가 순득이를 짐짝처럼 떠메더니 지붕 위로 휙 내동댕이쳤다. 봉애는 순득이를 잡아채고는 와락 끌어안았다.

"고맙습네다!"

봉애는 기차 지붕 위에서 아래를 내려다보며 소리를 질렀다. 그러나 너무나 많은 사람들이 우글거려 아저씨를 찾을 수가 없었다.

"아자씨! 고맙습네다."

봉애는 혼잣말로 중얼거렸다.

기차가 "뿌우, 뿌우." 기적 소리를 내더니 "철거덕, 철거덕." 천천히 달리기 시작했다.

'살았다.'

봉애가 순득이를 꼭 안았다. 봉애는 얼떨떨한 표정으로 주위를 둘러보았다. 달리는 기차 지붕 위는 수많은 사람이 빼곡히 앉아 있었다. 울며 누군가를 애타게 부르는 사람, 시끄럽다고 고래고래 소리를 지르는 사람, 코를 골며 자는 사람, 쭈그리고 앉아 감자를 먹는 사람. 기차 지붕은 그야말로 아수라장이었다.

기차가 속도를 내며 달리니 바람은 더욱 매서웠다. 얼굴 한쪽이 바늘로 찌르는 것처럼 따가웠다. 봉애는 두 손으로 얼굴을 가리고 와들와들 떨고 있는 순득이 어깨에 팔을 두르고 꼭 안아 주었다.

기차가 계곡 사이 내리막길로 달리자 칼바람이 불어와 귀마개를 했어도 귓불이 떨어져 나갈 것만 같았다. 봉애는 귀마개를 꼭 잡고는 순득이에게 가는 바람을 조금이라도 막아 주려고 바짝 당겨 앉았다.

"덮으라."

어떤 아줌마가 얇은 모포를 던져 주었다.

"고맙습네다."

봉애는 모포를 냉큼 받아들고는 순득이와 자신의 몸을 감쌌다. 온몸이 금세 녹진해지는 것 같았다. 봉애는 모포를 활짝 펼쳐 순득이와 함께 머리까지 뒤집어쓰고는 눈을 감았다.

한참 후, 앙앙거리는 갓난아기 울음소리에 눈을 번쩍 떴다. 까무룩 잠이 들었나 보다. 순득이도 자고 일어났는지 하품을 하며 눈을 비비고 있었다.

"배 안 고프네?"

봉애는 순득이 어깨에 모포를 둘러 주며 말했다.

"누이, 올마나 더 가믄 될까?"

"기차가 곧 데려다 주갔디."

봉애는 보따리를 풀어 주먹밥을 한 아름 꺼냈다. 그새 주먹밥은 딱딱하게 얼어 있었다. 봉애는 무릎걸음으로 살금살금 기어가 앞의 아줌마에게 다가갔다.

"아까 전에 모포 주셔서 고맙습네다. 아이들과 드시라요."

봉애는 주먹밥 세 덩이를 내밀었다.

"아이고! 미안해서 어캅네까."

아줌마가 두 손으로 주먹밥을 받아들자 엄마 옆에 옹기종기 앉아 있던 아이들이 덥석 낚아채더니 제 입으로 가져갔다.

"아새끼들이 배가 워낙 고파놔서……."

아줌마가 민망한 듯 봉애를 쳐다봤다.
봉애는 자리로 돌아와 순득이 손에도 주먹밥 하나를 쥐어 주었다.
"손으로 녹여 가며 먹으라. 배앓이하믄 큰일이다."
순득이는 주먹밥을 바드득거리며 깨물었다. 봉애도 주먹밥을 두 손으로 쥐고 먹었다. 살짝 소금 간이 된 주먹밥은 맛있었다. 겉은 얼었지만 먹을수록 속이 노글노글했다. 더 기가 막힌 건 주먹밥 한가운데 명태순대가 들어 있었다. 봉애는 명태순대가 씹히자 엄마 생각에 울컥했다.
"명태순대다!"
순득이가 주먹밥을 한입에 가득 물고는 소리쳤다.
"할마이가 정성스레 만들었네."
순득이가 우적우적 씹으며 신나 했다.
"남은 건 애껴 먹자꾸나야. 알았디?"
봉애는 입안에서 명태를 굴리며 엄마의 마지막 선물 같다고 생각했다.
"서울 가서 오마니한테 또 해 달라고 해야디."
순득이가 헤벌쭉 웃었다.
"이게 누구네?"

봉애가 고개를 돌려 보니 어떤 여자가 곡예를 하듯 몸을 흔들거리며 다가오고 있었다. 이전에 만났던 단발머리 여자였다.

"아...... 네에."

봉애는 주먹밥을 입에 물고는 옅은 미소를 지었다.

"먹으라, 어서 먹으라."

여자는 봉애 옆에 자리를 잡고 앉았다.

"여기서 이렇게 만나다니 반갑구나야."

"저도 기렇습네다."

봉애는 입에 든 밥을 얼른 삼키고는 환하게 웃었다.

"제 동생입네다, 인사하라."

순득이가 꾸벅 인사를 했다.

"같이 좀 드시라요."

봉애가 부스럭거리며 주먹밥을 꺼내려 하자 여자는 한사코 손사래를 쳤다. 그때 여자와 함께 있었던 어린아이가 발발 기어왔다. 코를 훌쩍거릴 때마다 여전히 누런 코가 들락거렸다. 가까이 다가오자 여자아이는 속도를 내며 기어오더니 순득이가 쥐고 있던 주먹밥을 잽싸게 낚아챘다. 그러더니 정신없이 제 입에 쑤셔 넣었다. 순득이는 입을 헤벌리고 멍하니 그 아이를 바라보았다.

"미안허구나야."

여자는 당황하면서 어쩔 줄 몰라 했다. 아이는 주먹밥을 후딱 먹어 치우고는 엉덩이를 달싹거리며 악악거렸다. 어찌나 크게 울어 대는지 주위 사람들이 시끄럽다고 소리를 질렀다. 봉애는 보따리를 만지작거리다 하는 수 없이 주먹밥 하나를 꺼내어 아이에게 건넸다. 아이는 받자마자 주먹밥을 빠드득거리며 갉아 먹었다.

"순득이 너도 먹갔니?"

순득이는 고개를 저으며 비어 있는 제 손을 보며 아쉬운 표정을 지었다.

봉애는 주먹밥이 몇 개나 남아 있는지 보따리 안에 손을 넣어 봉투를 만지작거렸다. 이제 몇 개 안 남았네. 배가 많이 고플 때까지 참아야겠다고 생각했다.

"아가, 흘리지 말고 차차히 먹으라."

봉애는 아이 입가에 덕지덕지 달라붙은 밥을 입에 넣어 주었다. 아이는 입으로 가져가는 것보다 흘리는 게 더 많아 보였다. 더욱이 명태순대를 흘릴 때마다 봉애는 너무나 안타까웠다.

"굴이다! 다들 엎드리시라요."

 멀리서 남자 어른이 소리를 질렀다. 사람들은 웅성거리며 몸을 힘껏 수그렸다. 봉애도 순득이 머리를 잡고는 내리눌렀다. 기차가 철커덕철커덕 요란한 소리를 내면서 뿌웅 기적 소리를 내더니 터널 안으로 들어갔다. 갑자기 깜깜한 밤이 된 것 같았다. 순식간에 딴 세상에 온 것 같았다.

 봉애는 귀를 틀어막고 눈을 질끈 감았다. 아버지 얼굴이 떠올랐다. 곧 아버지를 만난다고 생각하니 가슴이 벅찼다. 그러나 아버지한테 엄마 얘기를 어떻게 해야 할지……. 가슴이 답답했다.

 기차가 터널 밖으로 나가니 밝은 세상이 되었다. 사람들이 "와!" 환호성을 질렀다. 기차가 달릴 때마다 하얀 눈꽃을 매단 나무들이 손을 흔드는 것 같았다. 환한 세상은 아름다웠다.

9
새로운 만남

순득이 얼굴은 쥐불놀이를 한 것 마냥 거뭇거뭇했다.

"숯검댕이가 묻은 네 얼굴을 보이 정말 재미나누나."

여자가 순득이를 보며 싱글벙글했다.

"아주마이도 마찬가집네다."

순득이는 여자를 보며 까르르 웃었다. 넷은 웃으며 상대의 얼굴을 닦아 주었다.

"아주마이라니, 내래 열일곱밖에 안 됐어야. 이참에 우리 통성명이나 하자꾸나. 너는 이름이 뭐이가?"

여자는 봉애를 보았다.

"저는 김봉애입네다. 나이는 열세 살이구요, 야는 일곱 살

먹은 김순득이디요."

"기렇구나. 일곱 살밖에 안 되았는데 말도 잘하고 아주 똑똑해 뵈는구나."

"우리 할마이는 억실억실허게 장군 같이 잘 생겼······."

순득이는 말하다 말고 수줍은지 봉애 등에 얼굴을 숨겼다.

순득이 말에 봉애와 여자는 손뼉을 치며 한바탕 웃었다.

"내 이름은 차영옥이야. 야는 이제 세 돌을 막 넘긴 막둥이 차영희!"

"이제부터 영옥 온니*라 부르갔습네다."

"기래. 우리 서로 의지하며 지내자꾸나야."

"온니는 최종 목적지가 어딥네까?"

"예산이라고 들어봤네?"

"첨 들어봅네다."

"나는 형제가 모두 야달**인데 둘은 병에 걸려 죽었어야. 언니 둘은 덕천으로 피신 갔고, 두 동생은 송림으로 갔디."

영옥은 눈을 감더니 잠시 생각하는 듯했다.

"우린 이르케 다 뿔뿔이 흩어졌디 뭐니. 그래서 우리는 외

---
* 언니
** 여덟

갓집에 가려고 남하하는 기야."

"아, 기렇군요. 저는 형제라고는 이 아이 하납네다. 오마니가 늦둥이로 낳아서 우리 집안의 복덩이디요."

그때, 기차가 "치이이익!" 날카로운 소리를 내더니 갑자기 멈춰 섰다. 사람들이 아우성이었다.

"내리시오, 내리시라요!"

어떤 남자가 외치는 소리가 들렸고, 사람들이 우르르 쏟아져 나오는 소리가 들렸다. 기차 지붕에 올라탔던 사람들도 서로 앞다투며 내려갔다.

"누이, 예가 서울이야?"

순득이가 어리둥절한 얼굴로 물었다.

"글쎄…… 잘 모르갔구나."

"내래 밑에서 기다릴 터이 함께 가자꾸나."

영옥은 영희를 업고는 사다리를 타고 내려갔다. 봉애가 아래를 내려다보니 아수라장이었다. 봉애는 영옥을 찾지 못하면 어떡하나 가슴 졸이며 순득이를 앞세워 사다리에서 내려왔다.

"내리시요! 다 내리시라요!"

기관사로 보이는 남자가 "삐! 삐!" 호루라기를 불며 소리쳤다.

이곳은 기차역이 아니었다. 사방이 시원하게 펼쳐진 허허벌판이었다. 이리저리 둘러봐도 온통 하얀 눈으로 뒤덮인 논과 밭이었다. 사람들은 벌써 길게 줄지어 논밭을 가로질러 걷고 있었다. 봉애는 서성거리며 영옥을 찾았으나 보이질 않았다. 봉애는 일단 사람들의 대열에 껴서 따라가야겠다고 생각했다. 사람들이 웅성거리는 소리를 들으니 인민군들이 기찻길을 폭발시켜 끊어 버린 거라 했다. 봉애는 사람들의 꽁무니를 따라 걸으면서도 영옥을 찾는 데 온통 신경이 쏠려 있었다.

"영희와 그 누이는 보이지 않네."

순득이도 눈을 되록되록 굴리며 영옥을 찾았다.

"저만치 앞에 있을 기야."

봉애는 순득이 손을 바짝 잡아끌며 빠른 걸음으로 걸었다. 그때 하늘에서 "슈웅, 슝!" 전투기 소리가 귀청을 찢었다. 전투기가 얼마나 낮게 떴는지 땅이 흔들릴 정도였다. 봉애는 순득이와 납작 엎드렸다.

"탕, 탕, 따따다당."

총소리가 났다.

사람들은 나무 아래나 풀숲으로 재빨리 도망쳐 몸을 숨겼다.
봉애는 순득이를 잡아끌고 풀숲으로 달려가 땅에 머리를 처박았다.

"누이, 무서워."

순득이는 몸을 바들바들 떨었다. 봉애가 순득이 옷자락을 잡아당기니 순득이가 훌쩍거리며 봉애 품으로 파고들었다. 봉애는 온몸으로 안아 주었다. 하늘에서는 "삐용, 삐용." 소리를 내며 달걀만 한 게 날아오더니 여기저기에서 "쾅! 쾅!" 터졌다. 봉애는 가슴이 달달 떨렸다.

한참 후, 주위가 잠잠해지자 순득이가 꿈틀대며 고개를 빠끔히 들었다. 봉애는 순득이 목을 눌러 고꾸라뜨렸다.

"부스럭, 부스럭."

사람들의 소리가 들렸다. 봉애는 살그머니 고개를 들고는 순득이를 일으켜 세웠다. 봉애는 눈을 뒤집어쓴 순득이 얼굴을 털어 주었다. 순득이는 넋이 나간 것처럼 눈이 풀려 있었다.

"가자."

봉애는 순득이 얼굴을 어루만지고는 어깨에 팔을 둘렀다.
저만치에 영옥이가 보였다.

"온니, 영옥 온니!"

봉애는 너무나 반가워 한걸음에 달려가 영옥을 얼싸안았다.
"살았구나, 살았어야."
영옥은 봉애와 순득이를 번갈아 쳐다보며 활짝 웃었다. 영희도 영옥이 옆에 찰싹 들러붙어 쫄랑쫄랑 따라오고 있었다. 여전히 찐득한 누런 코가 콧구멍에서 들락거렸다.
"영희는 어린데 잘도 걷습네다."
"무신 말이가! 기차에서 내리고부터 안 걸을라 해서 여태 내가 업고 왔디. 이제 막 걷는 기야."
봉애는 영희가 참 이상하다고 생각했다. 그러고 보니 영희 목소리를 한 번도 들어본 적이 없었다. 먹을 거만 보면 냅다 달려들고, 안 주면 악악거리며 숨 넘어갈 듯 울기는 했어도 그 외엔 표정도 없고, 아무런 감정이 없어 보였다. 봉애는 영옥을 흘깃 쳐다보며 영희에 대해 물어볼까 하다가 그만두었다.

넷은 나란히 함께 걸었다. 여기가 어딘지, 어디로 가는 건지도 모르는 채 앞사람만 따라 걸었다. 너른 들판을 지나 어느새 나무들이 우거진 숲으로 들어왔다. 사람들이 두런두런 이야기하는 소리가 들렸다. 이제 곧 물이 철철 흐르는 강이 나온다고 했다. 여름철엔 기가 막힌 절경이지만 눈 내린 겨울엔 다리가 꽁꽁 얼어붙어 엄청 미끄럽다면서 걱정을 했다.

그때 정말 어디선가 물 흐르는 소리가 들렸다. 가까이 다가갈수록 거센 물소리가 들리더니 이윽고 다리가 나타났다. 다리의 좁은 바닥은 평평한 나무판을 쭉 연결해서 깔아 놓은 거였다. 나무 바닥은 눈이 얼어붙어 유리구슬처럼 반질반질 빛났다.

사람들은 부들부들 떨면서 난간을 꼭 붙든 채 천천히 발을 내딛었다. 몇몇 사람들은 발을 헛디뎌 빠졌는지 물속에서 허우적거리고 있었다. 봉애는 더럭 겁이 났다. 순득이는 벌써부터 발을 동동 구르며 울먹였다.

영옥이 차례가 다가오자, 영옥은 결의에 찬 표정을 하더니 영희를 포대기로 둘러업었다. 영희도 무서운지 영옥의 등에 찰싹 달라붙더니 눈을 지그시 감았다. 영옥은 패기 넘치듯 씩씩하게 첫발을 내디뎠다.

"저 처녀 기백이 넘치는구만."

어떤 아저씨가 흐물거리며 웃었다.

"아이고, 오마니!"

영옥의 한 발이 나무 바닥에 닿자마자 미끄러지면서 휘청하더니 하마터면 다리 아래로 굴러떨어질 뻔했다. 영옥은 소스라치게 놀라 냅다 소리를 지르며 봉애 뒤로 물러섰다. 아저씨는 뒤돌아서서 배꼽을 잡으며 키들키들 웃었다.

"누이, 내래 못 가갔어."

순득이가 영옥의 모습을 보더니 눈물을 찔끔찔끔 흘렸다.

봉애가 다리 나무판과 나무판 사이로 밑을 내려다보니 검푸른 강물이 일렁이고 있었다. 봉애도 선뜻 다리에 힘이 들어가지 않아 멈칫멈칫했다. 그때 뒷사람들이 빨리 가라며 소리소리 질렀다.

"내 손 꽉 붙들라."

봉애는 눈을 질끈 감고 한 손으로 난간을 잡고는 발 한 짝을 겨우 내디뎠다. 그런데 봉애 역시 영옥처럼 발이 미끌하며 몸이 기우뚱했다.

"누이!"

순득이가 주저앉아 울음을 터뜨렸다.

"아래만 안 보면 된다이."

봉애는 몸을 추스르고는 순득이에게 손을 내밀었다. 순득이가 오들오들 떨면서 일어서더니 봉애 손을 잡고는 한 발을 내디뎠다.

"옳지, 차차히."

순득이가 바들바들 떨면서 서너 걸음 걸어왔다. 그러더니 어느 결에 봉애 손을 슬그머니 뿌리치고는 제 몸을 꼿꼿이 세우고 저벅저벅 걸어갔다.

"땅, 땅, 땅, 땅따당."

봉애가 다리 중간쯤 도달했을 때 다리 건너편에서 총소리가 들렸다. 인민군 대여섯 명이 나란히 서서 다리를 건너오는 사람들을 향해 총을 쏘는 것이었다. 사람들이 맥없이 픽픽 쓰러졌다. 순식간에 사람들은 혼비백산하더니 허겁지겁 다리를 다시 되돌아오고 있었다. 다리 중간에서 만난 사람들은 서로 부딪치고 밀치며, 미끄러지고 자빠지며 난리가 아니었다. 그 바람에 많은 사람들이 물속으로 빠졌다.

봉애도 뒤돌아서 미친 듯이 뛰었다. 다리가 미끄러운지도 몰랐다. 다리 끝에 먼저 도착한 순득이는 발을 동동 구르며 봉애를 기다리고 있었다. 둘은 손을 잡고 사람들을 따라 숲속으로 냅다 달렸다.

"같이 가자우!"

영희를 등에 업은 영옥이 식식거리며 뛰어오고 있었다. 봉애는 기진맥진해서 다리가 꺾이더니 그 자리에 털썩 주저앉았다. 많은 사람이 총에 맞아 힘없이 쓰러지는 모습이 자꾸

눈에 어른거렸다. 심장이 떨리고 다리가 후들거렸다.
"내래 감이 왔어야. 어쩐지 다리를 건네기가 싫드라구."
영옥은 바위에 걸터앉아 숨을 헐떡거리며 우쭐댔다. 봉애는 말없이 먼 하늘을 쳐다보았다. 이름 모를 산새들이 줄지어 날아가고 있었다. 사람들 세상과 달리 새들의 세상은 마냥 평온해 보였다.

10
아귀아귀 먹는 아이

해가 뉘엿뉘엿 기울자 땅거미가 내려앉았다. 봉애는 어린 순득이가 기특해서 고맙기도 하고 안쓰럽기도 했다. 종일 걸어도 힘들다는 말도 안 하고, 엄마도 찾지 않았다.

"아까 보이 우리 순득이가 씩씩하고 용감하게 다리도 잘 건너더구나야."

순득인 대답이 없었다.

"배고프지 않네?"

순득이가 힘없이 고개를 끄덕였다. 봉애는 보따리를 풀더니 봉다리 안의 주먹밥을 만지작거렸다. 딱 네 덩이였다. 봉애는 영옥의 등에서 잠이 든 영희를 힐긋 쳐다보고는 주먹밥

세 덩이를 꺼냈다. 영옥에게 주먹밥 하나를 건네고 순득이 손에도 쥐어 주었다. 순득이가 얼어붙은 주먹밥을 바드득거리며 갉아 먹었다.

"미안쿠만. 내래 배 안 고프이 야 깨믄 멕여야겠어."

영옥은 두 손으로 주먹밥을 꼭 잡았다.

"종일 아무 것도 먹은 거이 없디 않아요."

봉애는 퀭한 눈과 양쪽 볼이 움푹 들어가 광대뼈가 도드라진 영옥을 보니 안돼 보였다. 마지못해 보따리에서 마지막 주먹밥을 꺼냈다.

"영희 일어나믄 멕이라요."

봉애는 주먹밥을 영옥의 손에 쥐어 주었다.

"고맙네, 봉애 동생."

영옥은 고개를 들지 못한 채 주먹밥을 한 입 깨물었다. 그때 영희가 귀신같이 눈을 뜨더니 버둥거리며 울었다. 영옥은 포대기를 풀고는 제 손으로 녹인 주먹밥을 영희 손에 쥐어 주었다. 영희가 코를 훌쩍이며 허겁지겁 입에 넣었다. 그러더니 명태순대를 푸푸거리며 뱉었다. 명태순대가 진득진득한 콧물과 범벅이 되어 잘 뱉어지질 않자, 영희가 짜증을 부리며 손에 쥔 주먹밥을 땅바닥에 내팽개쳤다. 봉애 눈이 똥

그래졌다.

"야! 울 할마이가 정성스레 만든 거인데 버리믄 어카네!"

순득이가 소리를 빽 질렀다. 그러자 영희는 땅바닥에 발딱 눕더니 팔과 다리를 내저으며 울어 댔다.

"야가 어려서 그런 거 아니네. 참 너도!"

영옥은 못마땅한 얼굴로 순득이에게 핀잔을 주었다. 봉애 얼굴이 붉으락푸르락했다.

"아까 기차에서는 잘 먹더이, 갑즉스레 와 변덕이네."

영옥은 영희를 끌어안더니 제 손으로 코를 닦고는 윗도리에 쓱쓱 문질렀다. 그리고 나더니 떨어진 주먹밥에서 명태순대를 골라내고는 뽀얀 쌀밥을 영희 입에 넣어 주었다. 영희는 아무렇지도 않은 듯 짭짭거리며 받아먹었다.

봉애는 영희가 너무나 얄미웠다. 영옥이도 덩달아 밉살스러웠다. 봉애는 얼굴을 잔뜩 찌푸리고는 자리에서 일어나 길을 나섰다. 순득이도 순순히 봉애 뒤를 따랐다.

"함께 가자우."

허둥거리는 영옥의 목소리가 들렸다. 봉애는 순득이 손을 잡고 묵묵히 숲길을 걸었다.

푸드득, 꿩이 날아올랐다. 고라니가 펄쩍 뛰며 도망쳤다. 봉애는 깜짝 놀라 가슴이 철렁 내려앉았다. 순득이도 겁이 나는지 땀이 배도록 봉애 손을 꼭 잡았다. 해가 지니 금세 주위가 엄엄했다.* 어느새 달빛 사이로 별이 하나둘씩 반짝거렸다. 오랜만에 별을 보니 반가웠다.

산모롱이를 돌자, 어디선가 "컹, 컹." 개 짖는 소리가 들렸다. 이제야 숲을 벗어난 것 같았다. 아스라이 보이는 초가집 굴뚝에선 하얀 연기가 스멀스멀 피어오르고 있었다. 사람들 몇몇이 마을 한가운데 모여 서서 웅성거렸다. 숲길을 걸어온 사람들이었다. 밤이 깊어가니 이 마을에서 하룻밤 신세를 져야 한다는 것이었다. 봉애와 순득이도 쭈뼛거리며 그 대열에 끼었다.

"네들은 어칼거네?"

한 아주머니가 어정쩡하게 서 있는 봉애를 보며 걱정스러운 듯 말을 건넸다. 봉애는 눈만 껌벅거렸다.

"넋 놓고 있으믄 아이 된다. 이 험한 세상에서 살길은 스스로 찾아야 하는 기야."

---

* 사물을 분간할 수 없을 정도로 어둡다

봉애는 아주머니 말을 듣고는 사방을 두리번거렸다.

"잠시 기둘려 주갔소? 이 어린것들 먼저 잠자리를 마련해야겠구만요."

아주머니는 목소리가 쩡쩡했다.

"퍼뜩 댕겨오시라요."

일행 중 한 사람이 담배를 꺼내 물며 허허 웃었다.

"입 벌리고 감 떨어지길 기다리믄 감이 떨어지간? 아무 집이나 가 사정해 보자우."

아주머니는 봉애 손을 잡아끌더니 허름한 집 앞에 서서 기웃거렸다. 그러더니 사립문을 밀고 마당 안으로 조심스레 들어갔다.

"계십네까?"

아주머니 목소리가 우렁찼다. 한 번 더 소리를 지르니 허리가 구부정한 할머니가 호롱불을 들고 나왔다.

"뉘요?"

할머니가 호롱불을 들어 올려 봉애 쪽을 쳐다봤다.

"할마이! 이 어린 사램들 하룻밤만 재워 주실 수 있갔습네까?"

아주머니가 두 손을 가지런히 모으고는 허리를 굽실거렸다.

"요즘은 매일 같이 피란민들이 오는구만. 나라꼴이 이래 고생들이 많아."

할머니는 혀를 차더니 손짓을 하며 안으로 들어오라고 했다.

"감사합네다, 할마이."

아주머니는 할머니에게 다시 한번 허리 굽혀 인사를 했다. 그러더니 봉애에게 눈을 찡긋하고는 잰걸음으로 다시 문밖으로 나갔다.

"어이쿠, 깜짝이야. 잘 보믄서 다니라요!"

밖에서 놀란 아주머니 목소리가 들렸다. 그때 누가 느닷없이 마당으로 뛰어 들어왔다.

"할마이, 저도 재워 주시라요."

영옥이었다. 영옥은 할머니 팔에 팔짱을 끼며 헤헤거렸다. 봉애는 눈이 동그래졌다.

"함께 다니기루 해 놓구선 그르케 훌쩍 가믄 어카네. 내래 너 따라잡느라 꽁지 빠지게 뛰었디 뭐네."

영옥은 봉애 어깨를 툭툭 치면서 호들갑을 떨었다.

"둘이 아는 사인갑네. 애 옴마도 따라오라."

할머니는 비척거리면서 헛간 옆 작은 방으로 데리고 갔다.

"애 옴마래. 나보고 애 옴마래. 웃기디 않네?"

영옥은 봉애 등을 팡팡 치며 낄낄거렸다.

"뭘 주착시럽게 웃네. 우리 영감 잠 들었으이 조용하라."

할머니가 툴툴거리며 방문을 열었다.

"감사합네다."

봉애가 허리를 굽혀 인사를 했다.

"연이어 사램들이 묵던 곳이라 방바닥이 얼음장처럼 차디는 않을 기야."

할머니는 허리를 수그리고 아궁이에 불을 지폈다. 영옥이 키득거리며 먼저 방으로 들어갔다. 봉애와 순득이도 따라 들어갔다. 방안은 온기가 가득했다.

영옥은 포대기를 풀어 영희를 방바닥에 눕혔다. 영희가 팔을 쩍 벌리고 잠을 자니 봉애와 순득이 앉을 자리가 마땅치 않았다. 봉애와 순득이는 엉거주춤 서 있었다. 그때 갑자기 문이 덜컥 열렸다.

"배고플 터이 요기 좀 하라."

할머니가 물 한 사발과 찐 감자를 바가지에 수북이 담아 내밀었다.

"두 식구가 방을 다 차지하믄 어카네? 야들도 좀 앉게 하라."

 할머니가 멀뚱히 서 있는 봉애와 순득이를 쳐다보더니 영옥을 보며 쯧쯧 혀를 찼다.
 어수선한 소리에 잠이 깼는지 영희가 발딱 일어나 앉았다. 그러더니 순식간에 감자를 덥석 입에 물었다.
 "먹성이 좋은 아구나야."
 할머니가 빙긋 웃으며 문을 탁 닫았다.
 감자는 여섯 개였다. 순득이가 두 개를 집어 봉애 손에 하나 쥐어 주고는 제 입으로 가져갔다.
 "온니도 먹으라요."
 봉애는 영옥을 쳐다보고는 감자를 한 입 베어 물었다. 보얗게 분이 나 포실하고 맛있었다. 봉애는 감자를 야금야금 입에 넣었다. 갑자기 영희가 캑캑거리며 감자 껍질을 뱉더니 먹던 감자를 내동댕이쳤다. 그러더니 바가지에 손을 넣어 남은 감자 두 개를 양 손에 하나씩 쥐었다.
 "체할라. 물 먹으라."
 영옥이 물 사발을 영희 입에 갖다 대자 고개를 설레설레 젓더니, 양손에 든 감자를 우적우적 씹었다.
 "혼차 다 먹으면 어카네?"

봉애는 영희를 바라보며 미간을 찌푸렸다. 그러자 영옥은 영희가 들고 있던 감자 하나를 탁 빼앗아 봉애 앞에 툭 떨구었다. 그 감자는 영희가 얼마나 세게 움켜쥐었는지 짓눌려져 있었다. 영희가 다리를 뻗대며 울어대자 순득이는 얼른 감자를 집어 영희 앞에 다시 던져 주었다. 영희는 양 볼이 터지도록 입에 쑤셔 넣었다.

영옥이 물 사발을 들자 영희가 양양거리며 입을 내밀었다. 누런 콧물이 물 사발에 뚝뚝 떨어졌다. 영희는 물을 질질 흘리며 발칵발칵 마셨다. 봉애는 눈살을 찌푸리며 순득이 겉옷을 벗기고는 자리를 만들어 눕혔다. 그러고는 봉애도 몸을 구부리고 누웠다. 고단해서인지 이내 눈꺼풀이 무거웠다. 영옥은 꽤 오랫동안 부스럭대더니 한참 후에 호롱불을 껐다.

"꼬끼오."

푸드덕거리며 닭이 날갯짓하는 소리가 소란스러웠다. 봉애가 눈을 뜨니 밖은 여전히 컴컴했다. 창호지 문으로 희뿌연 달빛이 어룽거리자 엄마 생각이 났다.

그때 방 안에서 부스럭 소리가 났다. 생쥐 같았다. 봉애는 끔찍해서 이불을 머리끝까지 뒤집어썼다. 이후 잠시 조용하

더니 또 바스락 소리가 들렸다.

봉애가 살며시 이불을 들추고 곁눈질을 하니 얼핏 사람 모습이 희미하게 보였다. 영옥이 쭈그리고 앉아 살그머니 무엇을 뒤지는 것 같았다. 봉애는 이불을 확 젖히며 일어나 앉았다.

"잠 안 자고 뭐하십네까?"

봉애가 나지막한 소리로 말하자 영옥이 소스라치게 놀라며 갖고 있던 물건을 팽개쳤다. 그건 봉애 보따리였다.

"남의 짐 보따리를 왜 뒤지시는 겁네까."

봉애는 보따리를 움켜쥐었다.

"아니, 내 꺼이 뭐 하나 없어진 것 같아서……."

영옥은 당황하면서 말끝을 흐렸다. 그러더니 서둘러 자리에 누워 영희를 끌어안고는 자는 척을 했다.

봉애는 심장이 쿵쾅대며 더럭 겁이 났다. 자리에 누워 가만가만 가슴팍을 더듬거렸다. 다행히 볼록한 비단 주머니가 만져졌다. 하지만 마음이 쉽게 가라앉질 않았다. 봉애는 억지로 눈을 꼭 감았다.

11
거룻배와 트럭에 몸을 싣고

"편안히 잘 잤습네다, 할마이."

정주간에서 밥을 차리는 할머니에게 봉애와 순득이가 공손하게 인사를 했다.

"애 옴마는 아직 자네?"

"네."

봉애는 어제 애 엄마 소릴 듣고 길길이 뛰던 영옥이 생각나 살포시 웃었다.

"일어나믄 먼저 갔다고 말 좀 전해 주시라요."

"기래. 갈 길 머이 서둘렀구만. 어여 가야디."

할머니가 정주간에서 나오며 봉애 손에 따끈한 주먹밥을

쥐어 주었다.

"고맙습네다, 할마이."

"어린 사램들이 고생 많구만. 오데로 가는 길인고?"

할아버지가 헛기침을 하며 뒷간에서 나왔다.

"서울로 아바지 만나러 가는 길입네다."

"기렇구만. 길은 알고 가는 긴가?"

"기냥 사람들 따라 남하하는 깁니다."

"그렇다믄 고생할 수도 있갔구만. 내래 지름길 알려주디."

할아버지가 허허 웃으며 봉애에게 다가왔다.

"저짝으루 산을 타고 계속 걸으믄 말이야, 선창가가 나오디. 거기서 거룻배*를 타고 얼마 안가면 바로 강화야. 거기서부터 서울 가는 건 그리 어려운 일 아니디."

할아버지가 앞산을 가리켰다.

"강이 얼어 붙었으믄 어카게요?"

할머니가 걱정스러운 얼굴을 했다.

"어카긴, 물 위를 미끄럼질 치며 가믄 되지 않간?"

할아버지가 큰 소리로 웃었다.

* 돛이 없는 작은 배

"그 강은 아주 사나운 날이 아니믄 얼디를 않아. 얼었어도 최가 놈은 일 없어. 그 놈이 사공질만 오십 년째야. 가만 보자! 지금이 여섯 시 좀 넘었으니 바지런히 가믄 아홉 시 경엔 배 타갔구만."

할아버지는 팔을 뻗어 눈을 가늘게 뜨고 시계를 보았다.

"잘 알갔습네다. 할아바지."

봉애가 활짝 웃었다. 봉애와 순득이는 할아버지, 할머니께 허리 굽혀 인사를 하고는 길을 나섰다.

"할마이가 주신 주먹밥 먹으며 걷자이."

봉애와 순득이는 주먹밥을 야금야금 먹으며 걸었다. 보리 밥이 따뜻하고 간간해서 술술 넘어갔다.

"누이, 오늘은 오마니 만날 수 있는 기야?"

봉애는 '오마니'라는 말에 순간 숨이 턱 막혔다.

"순득이 네 말마따나 오늘 중으로 아바지를 만나믄 얼매나 좋으까?"

봉애는 서울 가까이 간다는 생각이 들자 발걸음이 한결 가뿐했다. 봉애는 순득이와 도란도란 이야기를 나누다 보니 힘든 줄 모르고 산등성이를 넘었다. 드디어 멀리 강이 보였다.

아침 햇살에 강물이 반짝거리며 빛났다.

"물이 흐르는 걸 보이 배 탈 수 있겠다."

봉애와 순득이는 서로 마주 보며 미소를 지었다.

선창가가 가까워질수록 와글와글 사람들의 소리로 소란스러웠다. 봇짐을 이고 멘 피란민들이 줄을 서서 거룻배를 기다리고 있었다. 군데군데 피어 있는 토탄* 불에 둘러 서 손발을 쬐는 사람들도 많았다. 사람들 표정은 무뚝뚝해 보였지만 하나같이 희망과 설렘이 가득했다.

봉애는 순득이 손을 잡고는 줄 선 사람들의 맨 꽁무니에 가서 섰다. 거룻배가 여섯 번 강을 왔다갔다 했을 즈음 드디어 봉애와 순득이 차례가 되었다. 많은 사람이 필사적으로 배에 오르자, 사공이 목소리를 높여 소리를 질렀다.

"과적되면 파선합네다. 사람도 못 타는데 무거운 짐은 다 내리시요!"

사공은 험악하게 인상을 쓰면서 이불 보따리 같이 큰 짐들을 바다에 던져 버렸다. 봉애와 순득이는 사람들에 떠밀려 간신히 배에 올랐다. 한참 뒤, 배가 출항하자 봉애와 순득이

* 이끼나 벼 따위의 식물이 습한 땅에 쌓여 분해된 것으로 아직 탄화하지 못한 석탄

는 사람들을 비집고 갑판 위에 웅크리고 앉았다.

"삐거덕, 삐거덕."

사공의 노 젓는 소리가 맑은 아침 공기를 가르고 있었다. 강은 물이 흐르고는 있었지만 표면은 군데군데 얼어 있었다. 드문드문 커다란 얼음 조각이 둥둥 떠다니기도 했다. 봉애와 순득이는 무사히 강을 건넜고, 배에서 내려 피란민들이 가는 대열에 껴서 또 걸었다.

전쟁 중인데도 이곳은 폭격을 맞은 흔적이 보이지 않았다. 사람들이 많이 사는 곳인지 큰 건물도 많았고, 드문드문 점방*도 눈에 띄었다. 커다란 눈깔사탕을 입에 물었는지 볼이 볼록 튀어나온 아이들도 여럿 보였다.

멀리 미군 트럭 수십 대가 줄지어 오고 있었다. 트럭을 보자 봉애는 순간 산속에서 본 인민군 트럭이 생각나 등골이 오싹했다. 그때, 갑자기 수많은 아이들이 어디서 나타났는지 손을 내밀며 떼를 지어 뛰어다녔다. 아이들은 "기브 미, 기브 미."를 외치며 트럭에 매달렸다. 보조석에 앉은 미군이 껌을

* 가게

질겅질겅 씹으며 반짝이는 종이로 싼 것들을 마구마구 던져 주었다. 그러자 마치 하늘에서 금은보화라도 떨어지는 듯 아이들이 환호성을 지르며 날뛰었다. 아이들은 땅바닥에서 반짝이는 종이를 주워 이내 날름 입에 넣었다. 그것은 사탕이나 초콜릿, 껌 그런 것들이었다. 순득이는 입을 헤벌리고 침을 질질 흘렸다. 봉애도 입안에 침이 가득 고였다.

그때, 피란민들이 트럭 앞으로 잽싸게 달려갔다. 트럭을 붙잡고는 태워 달라고 아우성이었다. 운전병이 하얀 이를 드러내고는 짐칸에 타라고 손짓을 했다. 그러자 사람들이 순식간에 개미떼처럼 모여들더니 트럭 짐칸에 바락바락 기어올랐다.

"이 차 서울 가십네까?"

봉애가 운전병을 보며 소리 질렀다. 그 순간 한 아주머니가 봉애 목덜미를 움켜잡더니 짐칸으로 들이밀었다. 봉애가 순득이 손을 잡고는 트럭에 대롱대롱 매달리자 안에서 누군가가 잡아끌었다. 봉애와 순득이는 얼결에 트럭에 올라탔다.

사람들은 한 명이라도 더 태우려고 빽빽이 당겨 앉았다. 퀴퀴하고 고약한 냄새가 코를 찔렀다. 사람들의 행색은 지저분하고 꾀죄죄했다. 몸에는 진흙도 묻어 있고 덕지덕지 피도 말라비틀어져 있었다. 그래도 사람들의 표정은 상기되어 있었고 신나 있었다.

"내래 어망간*에 이 간나를 차에 쑤셔 넣었으니 고마운 줄 알라."

아주머니는 봉애를 툭 쳤다. 어젯밤 황 할아버지 집에 데려다 준 그 아주머니였다.

"이 에미나이가 뭐라는지 아십네까? 글쎄 트럭에다 대고 '이 차 서울 가십네까?' 하는 게 아니겠소?"

아주머니가 '서울 가십네까'를 간드러지게 말하며 강조했다. 짐칸에 탄 수십 명이 폭소를 터뜨렸다.

"그라믄 이 트럭이 다 서울 가는 긴가요?"

봉애가 눈을 되록되록 굴리며 말했다. 사람들이 또 한바탕 크게 웃었다.

"지금 인민군이 바로 우리 뒤통수까정 쳐 내려 왔다잖네. 우린 똥인지 된장인지 가릴 게 읎어야. 고저 인민군 차만 아니믄 아무거나 읃어 타고 어디든 가야 한다구."

한 아저씨가 침을 튀기며 열변을 토했다.

* 어떨결에

"저는 다른 곳으로 가든 안 됩네다. 꼭 서울에 가야합네다."

봉애가 절박하게 말했다.

"야가 아즉 상황 파악이 안 된 모냥이구나야. 서울엔 사램들 하나도 읎어야. 다들 밑에 지방으루다 피란 갔어야."

"중공군이 마구잡이로 쳐 내려오이 이 트럭도 거의 마즈막으로 빠져나가는 걸끼야."

"운수가 몹시 사나운 줄만 알고 내래 엄청 낙심했디. 기런데 양코쟁이 차를 읃어 탈 줄 누가 알앗겠어야. 운수가 기막히게 좋은 게야. 안 기렇소?"

"암, 암, 기렇디. 이젠 안심해도 되는 기지."

"미군 트럭을 얻어 탔으니 내래 잠이나 푹 자갔소."

사람들은 떠들썩하게 한마디씩 했다.

봉애는 자꾸 눈물이 났다. 아버지를 만나러 서울에 가야 하는데 서울에 사람들이 없다니, 무슨 말인지 도무지 이해가 안 됐다.

'내가 순득이를 데리고 그 먼 길을 이렇게 찾아가고 있는데.'

봉애 눈에 눈물이 그렁그렁 맺혔다.

사람들이 다 피란을 가 서울이 텅텅 비었다 해도 울 아버지는 그곳에 있을 것이다. 우리 아버지만은 그곳을 지키면서 우리를 기다리고 있을 것이다. 내가 순득이를 데리고 목숨 걸고 이렇게 찾아가니 말이다. 봉애는 목에서 뜨거운 게 올라왔다.

"저희는 이 차에서 내리갔습네다."

봉애는 눈물을 훔치며 아주머니 귀에 대고 속삭였다.

"철없는 소리 좀 고만하라. 인민군한테 죽고 싶은 게야! 다 점령했다잖네."

아주머니가 봉애 무릎을 살짝 꼬집으며 사납게 째려봤다.

"이 차도 시방 꽁지 빠지게 도망치는 기야. 그러니 가마이 있으라."

아주머니는 강한 어조로 말했다.

"오…… 오마니 보깊다."

순득이가 울먹울먹하며 손등으로 눈물을 훔쳤다. 봉애가 꼭 끌어 안자 순득이는 봉애 품에 얼굴을 파묻고는 흐느꼈다. 봉애도 숨죽이며 눈물을 흘렸다.

"자라. 한잠 푹 자믄 배고픈 것도 슬픈 것도 사라진다이."

아주머니가 봉애 등을 토닥여 주었다.

12
낯선 피란민 수용소

트럭이 멈췄다. 봉애가 눈을 비비며 트럭에서 내렸다. '군산 피란민 수용소'라는 팻말이 달린 국민학교* 운동장이었다. 봉애와 순득이는 두리번거리며 학교를 둘러보았다. 학교 담벼락 곳곳에는 작은 종잇장들이 빼곡하게 붙어 있었다. 나달나달한 종이엔 사람들 이름이 적혀 있었다. 피란민들이 서로 가족을 찾는 내용이었다. 봉애는 아버지 소식을 알 수 있을까 싶어 바람에 팔락팔락 날리는 종잇장을 뚫어지게 쳐다봤다.

* 초등학교

"가자우."

아주머니가 봉애 어깨에 팔을 둘렀다. 봉애와 순득이는 아주머니가 이끄는 대로 따라갔다. 사람들이 기다랗게 줄을 선 곳에 봉애와 순득이도 가서 섰다. 그곳에서 피란민 명부를 작성하고 배급을 받았다.

봉애는 가마니를 받아 질질 끌고, 순득이는 얇은 모포와 보리쌀 한 줌이 든 봉지를 받아 들었다. 봉애는 아주머니를 따라 교실로 들어갔다. 교실 안은 퀴퀴하고 고약한 냄새가 코를 찔렀지만 벌써 많은 사람이 빽빽하게 자리 잡아 발 디딜 곳이 없었다.

아주머니는 이리저리 휘휘 둘러보더니 오라고 손짓을 했다. 봉애와 순득이가 그쪽으로 가니 사람들이 조촘조촘 자리를 좁혀 주었다. 봉애는 아주머니 옆에 가마니를 펼치고 그 자리에 순득이와 붙어 앉았다. 아주머니가 봇짐에서 작은 솥을 꺼냈다.

"자, 여기다 배급 쌀 쏟으라."

아주머니가 말하자 봉애는 말없이 솥에 쌀을 부었다. 아주머니는 밥을 해 오겠다며 나갔다. 봉애는 아무 말 없이 아주머니 뒷모습만 멍하니 쳐다보았다. 그새 순득이는 꾸벅꾸벅 졸고 있었다. 봉애는 제 엉덩이를 반쯤 들고 순득이를 눕히고는 모포를 덮어 주었다. 순득이 양쪽 볼은 다 터지고 갈라졌다. 쩍쩍 갈라진 손등엔 피가 붉게 맺혀 있었다. 순득이는 오돌오돌 떨더니 칙칙한 모포 속으로 머리와 발을 동그랗게 말고는 잠이 들었다. 봉애는 순득이가 가여웠다. 봉애는 소리를 내지도 못하고 주먹으로 눈물만 닦았다.

"괜치않다. 이래 목숨 부지한 거이가 어디네. 메칠만 참으믄 고향으루 다시 올라갈 기야. 암, 가야 말고!"

옆자리에 앉아 있던 할머니가 봉애 어깨를 다독여 주었다. 봉애는 할머니 말에 울음이 왈칵 터졌다.

"에구 이 어린기⋯⋯ 불쌍해서 우터한담."

할머니가 훌쩍거리며 봉애를 안아 주었다. 봉애는 할머니 품에 안겨 큰 소리로 엉엉 울었다.

피란민 수용소에서의 날들이 벌써 열흘이 넘게 지났다.

"순득아, 이거 들고 얼피덩 달려가 줄 스라."

봉애가 말하자, 순득이는 물동이를 들고 득달같이 수돗가로 달려갔다. 얼마나 많은 사람들이 줄을 섰는지 뱀 꼬리처럼 꼬불꼬불 끝없이 길게 이어져 있었다. 봉애는 밥도 하고,

개울물에 가서 얼음장을 깨고 손을 호호 불며 빨래를 했다. 그리고 나서 수돗가에 와도 한참을 더 기다린 후에야 물동이를 채울 수 있었다.

　봉애는 하루에도 몇 번씩 시간 나는 대로 학교 담벼락으로 달려가 나달나달 힘겹게 붙어 있는 종잇장들을 쳐다봤다. 봉애는 사무실에 가서 작은 종이 하나를 얻어 와 정성껏 글을 쓰고는 담벼락에 붙였다.

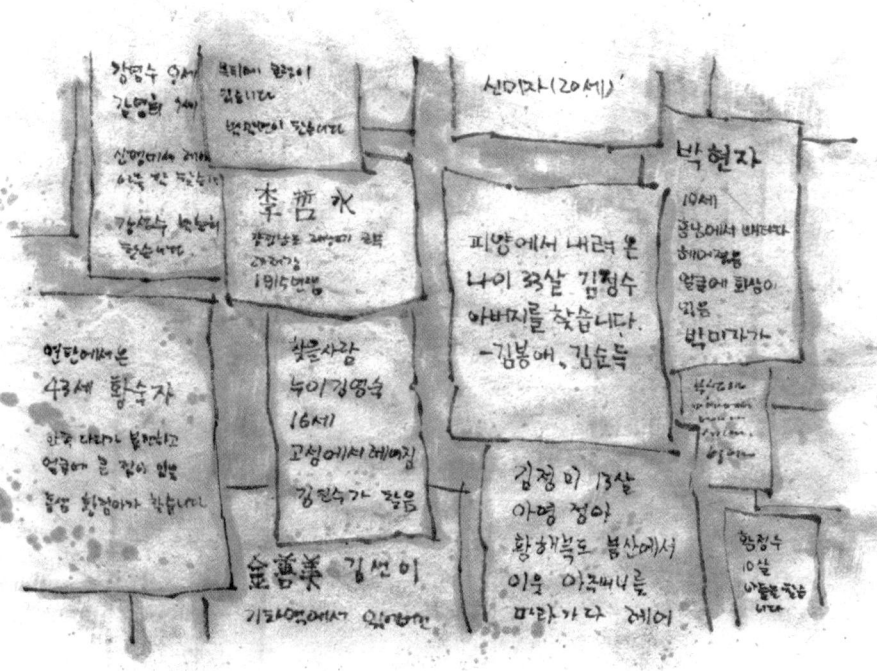

피양에서 내려 온 나이 33살. 김정수.

아버지를 찾습니다.

- 김봉애, 김순득.

사람들은 피란 내려올 때 가지고 온 물건을 하나씩 내다 팔았다. 포목전에 가서 뉴똥*을 팔고, 금은방에 가서 반지도 팔면서 현금을 모았다. 그 돈으로 쌀 배급이 언제 끊어질지 모른다고 쌀도 사 놓고, 통조림 깡통이나 약도 샀다. 그리고 물장수한테 물을 사기도 했다. 아이들은 점방에서 군것질을 했다. 눈깔사탕이나 밀크캐러멜을 오물오물 입에 물고 다녔다. 어떤 아이는 딱지나 구슬을 사기도 했다. 순득이는 그 아이들을 따라다니며 입만 헤벌리고 구경했다.

봉애는 볼이 패이고, 입 귀퉁이가 헐고 마른버짐이 허옇게 핀 순득이를 보니 마음이 아렸다. 미국산 고기 통조림을 사서 배불리 먹이고 싶었다. 그리고 사탕도 사고, 딱지나 구슬도 한 아름 사주고 싶었다. 봉애는 가슴팍을 만지작거리며 비단 주머니가 잘 있는지 확인했다.

* 비단 한복 옷감

"우리 고기 통조림 하나 사서 먹으까?"

봉애가 순득이 코에 얼굴을 들이밀며 방긋 웃었다.

"누이, 덩말 돈 있네? 내래 저거이 갖고 싶으다."

순득이는 딱지나 구슬치기를 하는 아이들을 가리켰다. 순득이 눈이 초롱초롱 빛났다. 봉애는 비단 주머니를 만지작거리며 변소로 내달렸다. 코를 틀어막고 변소간 안으로 들어갔다. 밑에 출렁거리는 오물을 보자 구역질이 나왔다. 봉애는 가슴에서 조심스럽게 비단 주머니를 꺼냈다. 검붉은 피가 덕지덕지 묻은 주머니를 보자 눈물이 왈칵 쏟아졌다. 주머니를 여니 누런 양회 종이가 보였다. 봉애는 눈물을 훔치고 금반지 하나를 꺼내고는 비단 주머니를 가슴팍에 도로 꽁꽁 숨겨 두었다.

"순득아!"

봉애는 엄마 반지를 한 손에 쥐고는 운동장을 가로질러 달려가 순득이를 부둥켜 안았다.

"얘, 봉애야!"

그때 아주머니가 환하게 웃으며 봉애에게 다가왔다.

"너 돈 필요하디 않네?"

"네?"

봉애는 깜짝 놀라 반지가 으스러질 정도로 주먹을 꽉 움켜쥐었다.

"공장에 가서 일하지 않간? 온제까지 이런 곳에서 살 수는 없디 않네."

"아바지 만날 기야요."

"아바지를 만날 땐 만나드라도, 내 말 잘 들어 보라우."

아주머니는 팔을 걷어붙이며 식식거렸다.

"우리 누이 공장 안 가요. 서울에서 핵교 다닐 기야요."

순득이가 똘망하게 말하며 봉애 팔에 팔짱을 끼었다.

"내래 너를 딸처럼 생각해서 말하는 기야. 고저, 고저, 내가 입 한 번 놀리믄 너는 기냥 취직이 되는 기야. 기러니까 여러 말 말고 공장에 다니라우."

아주머니는 큰 인심을 쓰는 것 마냥 으스댔다.

"그라믄 메칠 생각 좀 해 보갔습네다."

"쭈물대다가 자리 뺏기믄 어칼라구 그라네! 내가 아무나 해 주는 줄 아네?"

아주머니는 버럭 소리를 지르더니 가던 길을 갔다.

봉애는 항상 먼저 챙겨 주고 생각해 주는 아주머니의 마음이 고마웠다.

"누이, 공장 갈 기야?"

순득이가 시무룩한 표정으로 봉애 팔을 잡아 흔들었다.

"돈 벌믄 우리 순득이가 갖고 싶은 거 다 사줄 수 있지 않네."

순득이는 시무룩한 표정을 짓더니 발로 땅바닥만 슥슥 문질렀다. 봉애는 순득이 어깨에 팔을 두르고는 하늘을 쳐다보았다.

어둑어둑 밤이 찾아오고 있었다. 운동장 뒤쪽에서 사람들이 왁자지껄 다투는 소리가 들렸다.

"와! 쌈 났다."

순득이가 신이 났는지 그쪽을 향해 달려갔다. 봉애는 슬쩍 손바닥을 펼쳐 금반지를 보았다. 그리고는 손가락에 반지를 끼워 보았다. 엄마 숨결이 느껴졌다. 봉애는 한참 동안 만지작거리다 다시 변소로 달려가 금반지를 가슴에 단단히 집어넣고 나왔다.

"누이!"

순득이가 숨이 차게 달려왔다.

"영옥이 누이가 사람들한테 머리끄덩이 잡혔어."

"뭬라는 기야? 영옥 온니가 예 있다구?"

순득이가 봉애 팔을 잡아끌자, 봉애는 운동장 뒤쪽으로 달음질쳐 갔다.

영옥이는 사람들한테 둘러싸여 머리를 산발한 채 땅바닥에 주저앉아 울고 있었다.

"이 도둑년들, 훔쳐 갈 게 없어서 남의 먹을 거이를 훔쳐 가는 기야?"

젊은 아저씨가 침을 튀기며 식식거리고 있었다.

"한두 번이 아냐. 저 짝은 년은 허구한 날 이 사람, 저 사람 밥이든 감자든 먹을 것만 보믄 환장해서 처먹는 기야. 큰 년은 모르는 척 시치미를 떼고 말이야. 이런 년들은 귀신도 안 잡아가네!"

아저씨가 발길질을 하니 영옥이가 앞으로 팍 고꾸라졌다.

"저년 밥 처먹는 거 좀 보라."

영희가 영옥이 옆에 달라붙어 그릇에 코를 박고는 허겁지겁 밥을 퍼먹고 있었다.

"영옥 온니!"

봉애는 영옥의 어깨를 흔들었다.

영옥은 고개를 들더니 봉애를 끌어안고 엉엉 울었다. 영옥이 서럽게 울자, 봉애도 한꺼번에 슬픔이 몰려와 한참 동안 소리 내어 울었다.

밤이 깊어지자 영옥은 영희를 데리고 묵고 있는 교실로 돌아갔다. 봉애는 순득이 손을 잡고는 천천히 걸어서 운동장을 가로질렀다.

"봉애, 아니네?"

봉애가 깜짝 놀라 제자리에 우뚝 섰다. 바로 아버지 친구 분이었다.

"아자씨!"

봉애가 눈을 동그랗게 떴다. 아버지를 만난 것처럼 기뻐서 눈물이 왈칵 쏟아졌다.

"아자씨, 우리 아바지는요?"

봉애는 눈물을 닦으며 아저씨를 쳐다보았다.

"네 아바지는 아마 부산에 있을 기다. 정부가 임시로 부산으로 이전했디 않네."

"부산이요? 그라믄 부산은 어케 갑네까?"

"아니, 그나저나 여기서 너희를 만나다니 이게 어드러케 된 거이네? 야가 순득이구나야."

아저씨는 순득이 머리를 쓰다듬었다.

"네 오마니는 어디 계시네?"

봉애는 아무 말도 못 하고 고개를 푹 떨구었다.

"우리 오마니는 아바지랑 서울에 있시오. 좀 있으믄 우리도 서울 갈 기야요."

순득이가 야무지게 말을 하자 아저씨는 고개를 끄덕였다.

"우린 시방 거제로 내려간단다. 일가친척이 거기 다 있다는 소식을 받았지 뭐이네."

그리고 보니 아저씨와 아주머니는 등에 큰 짐을 짊어지고 있었다. 그리고 올망졸망한 아이들도 여럿 보였다.

만나자마자 아저씨와 헤어진다 하니 봉애는 눈물이 핑 돌았다.

"아바지 만나러 부산에 가려면 어케야 합네까?"

"움직이지 말고 여기 있으라. 내래 네 아바지 만나면 네들 여기 있다고 꼭 말하마!"

"저희들도 아자씨 따라가믄 안 되갔습네까? 울 아바지 만날 때꺼정만이라도……."

봉애는 울먹울먹하며 아저씨 팔을 두 손으로 꽉 잡았다.

"거 참."

아저씨는 한숨을 크게 쉬면서 곁에 줄줄이 서 있는 식구들을 훑어보았다. 그러더니 바쁘다며 허둥지둥 식구들을 데리고 교문을 빠져나갔다. 봉애는 멍하니 서서 아저씨 뒷모습만 바라보았다.

"누이, 부산 가자. 아바지가 거기 있으믄 오마니도 같이 있을 거 아니네."

"그래, 우리 부산 가자."

봉애는 눈물을 쓱 훔치고는 순득이와 함께 교실로 들어갔다.

사람들이 빼곡하게 누워 있어 봉애와 순득이 자리가 사라지고 없었다. 봉애가 살그머니 들어가 아주머니를 엉덩이로 슬쩍 밀었다. 그리고 순득이와 봉애는 그 자리에 쑤시고 몸을 뻗었다.

"일찍일찍 좀 다니라."

아주머니가 헛기침을 했다.

"아주마이, 부산 어케 가믄 됩네까?"

봉애가 아주머니 귀에 대고 소곤거렸다.

"부산은 멀디. 아주아주 멀다."

"정부가 임시로 부산으로 옮겨갔다는데 우리 아바지가 거기 있을지 모른답네다."

"말 그대로 임시 아니네 임시. 정부가 곧 서울로 복귀할 거이니 괜히 길 엇갈리디 말고, 잠시 여기 더 있으라."

"……"

"공장 나가믄 시간도 잘 가고, 돈도 벌구 올마나 좋갔네? 그러다 보믄 네 아버지가 먼저 찾아 올기다."

봉애는 그러다 아버지랑 길이 엇갈릴 수 있다는 아주머니 말이 맞는 것 같았다. 한참 동안 곱씹어 생각하고 또 생각했다.

"공장 가갔습네다."

봉애가 아주머니 귀에 대고 속삭였다.

아주머니가 흐흐 웃으며 봉애 등을 쓸어 주었다. 봉애는 설레어 가슴이 콩닥거렸다. 쉽게 잠이 올 것 같지가 않았다.

13
가엾은 순득이

봉애는 공장에 가서 재봉틀 돌리는 것도 배우고, 다림질하는 것도 배웠다. 하루하루 시간도 잘 가고 무엇보다 일하는 게 즐거웠다.

한 달이 지나자 품삯을 받았다. 봉애는 퇴근하는 길에 점방에 들러 미국산 통조림 깡통 두 개를 샀다. 하나는 아주머니 거였다. 커다란 알사탕도 여러 개를 집었다. 그리고 구슬과 딱지는 구경만 하다가 순득이를 데리고 와서 사야겠다고 생각했다. 멀리서 보니 순득이가 오늘도 교문 밖에서 봉애를 하염없이 기다리고 있었다. 지루한지 쭈그리고 앉았다 일어섰다, 발끝을 세우고 팔을 길게 뻗었다 오므렸다 하고 있었다.

"순득아!"

봉애가 봉지를 흔들며 뛰었다.

"누이!"

순득이가 냅다 달려와 봉애 품에 착 달라붙었다.

"보깊었어."

"나두 순득이 보깊었디. 누이 돈 탔다. 이걸루다 밥 먹구 빨리 점방에 가자이."

봉애가 봉지를 들어 올리며 활짝 웃었다.

"덩말이야?"

"고럼, 우리 순득이 구슬도 사고, 딱지도 사고, 먹고 싶은 것도 마이 사줄 기야."

순득이가 헤벌쭉 웃으며 좋아했다.

"오…… 좀 약한 거 아니네? 이래 팔짝팔짝 뛰어야 하는 기 아니네?"

봉애는 두 팔을 들고는 토끼처럼 깡충깡충 뛰었다. 순득이가 히히거리며 웃었다. 봉애는 아주머니를 만나자마자 통조림 깡통과 사탕 하나를 내밀었다.

"아주마이 덕입네다. 맛있게 자시라요."

"벌써 한 달 간 기야? 고생시럽게 돈 벌어 나한테까정 뭘 이런 걸 사 왔네?"

아주머니가 봉애 머리를 쓰다듬어 주었다.

봉애가 운동장 구석에 앉아 나무에 불을 붙이고 부지런히 밥을 했다. 그동안 순득이는 벽에 기대어 몸을 옹크린 채 잠이 들었다. 봉애는 서둘러 가마니 바닥에 통조림 깡통과 밥을 펼쳐 놓았다. 그리고 나서는 보따리 깊숙이 넣어 둔 놋수저 뭉치를 꺼내어 순득이 숟가락을 꺼냈다. 그리고는 다시 꽁꽁 싸매어 보따리 깊숙이 넣었다.

"벌써 졸리네? 자, 맛있게 먹자꾸나야."

봉애는 순득이를 흔들어 깨우고는 자그마한 놋수저를 손에 쥐어 주었다. 얼마나 뿌듯한지 봉애는 자꾸만 웃음이 비어져 나왔다.

"순득아, 이거이 이름이 함이던가? 햄인가? 암튼 맛난 거이니 푹푹 퍼먹으라."

봉애가 연신 실실거렸다.

"이거이 내 숟가락 아니네?"

순득이가 작은 놋수저를 들어 올렸다.

"오마니 보깊다. 오마니······."

순득이가 놋수저를 들고 눈물을 뚝뚝 흘렸다.

"어서 먹으라. 이거 맛난 거 아니네?"

봉애가 말하자 순득이는 밥을 먹는 둥 마는 둥 깨작거렸다.

"깡통 고기 반찬이 있는데 먹는 게 왜케 신통칠 않네? 얼 피덩 먹고 구슬 사러 가야디."

"누이, 요기가 마이 아프다."

순득이가 목을 만지면서 콜록콜록 기침을 했다.

"기래?"

"밥 마이 먹으믄 기침도 멀리 달아난다이."

봉애는 통조림 깡통에서 햄을 푹 떠서 순득이 밥 위에 올려 주었다.

"누이, 시방 오마니 숭내 내는 기야?"

순득이가 씩 웃었다.

"맛있디?"

"엉."

고개를 끄덕이는 순득이 얼굴이 벌겠다. 봉애는 순득이 이마를 짚어 보았다. 순득이가 정말 아프면 어떻게 하나 벌써부터 걱정이 되었다. 그때, 순득이가 욱욱하더니 먹은 것을 다 토해 냈다. 봉애는 눈이 휘둥그레졌다.

"괜찮네?"

봉애가 얼른 토한 걸 다 치우고는 순득이 옷을 갈아입혔다.

"오마니 보깊어. 오마니, 어딨어. 얼른 와!"

순득이가 눈을 멀뚱거리며 울음을 터뜨렸다. 봉애는 울음을 꿀꺽 삼키고 순득이를 어루만졌다.

"누이가 업어 주까?"

봉애가 등을 내밀자 순득이는 눈물을 뚝뚝 흘리며 등을 밀어냈다. 봉애는 순득이와 밖으로 나와 의자에 걸터앉았다.

"오마니, 보깊어. 오마니."

순득이가 한 번 터뜨린 울음은 그칠 줄 몰랐다.

"그만 울으라. 네가 우니까 누이도 자꾸만 눈물이 나지 않네."

봉애는 울먹이며 순득이를 부둥켜안고는 엉엉 소리 내어 울었다. 봉애도 엄마를 부르며 서럽게 울었다.

순득이가 어느새 봉애 품에서 까무룩 잠이 들었다. 얼굴이 시뻘건 순득이는 열이 펄펄 끓어 온몸이 뜨끈뜨끈했다. 봉애는 순득이를 안고 안으로 들어왔다.

"아주마이, 야가 온몸이 불뎅이라요."

"우터한담, 지금 폐렴이 돌고 있다는데."

13. 가엾은 순득이 159

아주머니는 순득이를 받아들고는 자리에 눕혔다. 봉애는 순득이가 너무나 가여웠다.

"순득이 깨믄 이거 멕이라."

아주머니가 어디서 약을 구해 왔다. 봉애는 두 손으로 받아 주머니에 넣었다.

"질질 짜지 말고, 힘내라. 우터하갔네?"

봉애는 눈물을 닦으며 고개를 끄덕였다.

순득이는 아침까지 푹 자고 일어났다. 이마를 만져보니 아직도 뜨끈했다. 봉애는 밥에 물을 부어 죽을 끓여 먹이고는 약을 먹였다. 그러고는 알사탕을 입에 넣어 주었다.

"맛나다."

순득이 눈이 퀭했다. 봉애에게 애써 웃어 보이는 것 같아 더욱 안쓰러웠다. 봉애는 순득이를 두고 차마 발걸음이 떨어지질 않았다.

"아주마이, 저 순득이 나을 때까정 메칠만이라도 곁에 있어야 할 것 같습네다. 다 나으믄 다시 공장 나갈 터이 말씀 좀 잘 전해 주시라요."

봉애가 쭈뼛거리다 어렵게 입을 뗐다.

"할 수 없디 뭐. 어카갔네."

아주머니가 심드렁한 표정을 짓더니 밖으로 나갔다.

순득이는 몸이 엿가락처럼 늘어지면서 자꾸 옆으로 기울어졌다.

"그럼 한잠 푹 자라. 푹 자믄 아픈 것도 다 나을 기야."

봉애는 오돌오돌 떠는 순득이에게 옷을 덧입히고 자리에

눕혔다. 모포를 목까지 덮어 주고는 바람이 들지 않게 양쪽 귀를 꼭꼭 눌렀다. 순득이가 금세 색색거리며 잠이 들었다.

봉애는 영옥이 궁금하기도 해서 묵고 있는 교실로 찾아갔다. 봉애가 교실 안으로 고개를 빠끔 들이밀고는 두리번거렸다. 와글와글 왁자지껄 사람들 소리가 요란했다. 봉애가 교실 안으로 들어가 사방을 둘러보았지만 영옥은 보이지 않았다.
"이상하다. 여기가 맞는데."
봉애는 교실 문 앞에 걸린 입실 명부를 살펴보았다.
"도둑년 친구다!"
조그만 아이가 소리를 질렀다.
"욕하지 마!"
봉애가 눈을 부릅떴다. 그 아이가 멈칫거렸다.
"얘, 영옥 온니 못 봤네?"
"짝은 년이 아파서 병원에 실려 갔수다."
"병원에 갔다구?"
봉애는 영희가 병원에 실려 갔다는 말에 가슴이 쿵 했다.
'다친 긴가? 무신 일이 있었던 긴가?'
봉애는 한걱정을 하며 순득이에게 다시 돌아왔다. 순득인 모포를 다 제치고 입을 벌리고 자고 있었다. 봉애는 순득이 얼굴을 만져보았다. 또다시 불덩이였다.

봉애는 그길로 약국으로 달려가 약을 샀다. 이제 주머니에 남은 돈이라고는 동전 몇 개였다. 그때였다. 영옥이 영희를 업고 지나가고 있었다.

"영옥 온니!"

봉애가 부르니 영옥이 뒤돌았다. 영희를 보니 영옥의 등에서 축 늘어져 있었다.

"영희, 어디가 마이 아픈 기야요?"

"폐렴이래. 입원해야 한다는데 내래 돈은 없구. 보건소는 사램들이 너무 많아서 받을 수가 없다하고."

"기래서 어캅네까?"

"페니실린인가 뭔가 하는 주사를 맞아야 한다는데."

"그게 뭡네까?"

"그 주사만 맞으믄 죽었던 아이도 살아날 수 있는 명약이라나."

영옥은 한숨을 쉬었다.

"이거라도 멕여야디 어카갔네."

영옥은 약봉지를 들어 올렸다

"순득이도 열이 펄펄 끓어서 저도 시방 약 지어옵네다."

"봉애 동생, 혹시 돈 좀 있간? 우리 영희 그 주사 맞으믄 나을 거래."

영옥은 불쑥 봉애 코까지 얼굴을 들이밀었다.

"어…… 어…… 제가 무신, 돈 없습네다."

봉애는 슬그머니 가슴팍에 숨겨 놓은 비단 주머니로 손이 갔다. 도톰한 주머니가 만져졌다. 봉애는 다시 한번 솜옷을 단단히 여미고, 목도리를 추켜올려 야무지게 조였다.

"뭘 그리 깜짝 놀라네?"

영옥은 봉애를 쳐다보며 픽 웃었다. 봉애는 무안해서 고개를 푹 숙이고 걸었다,

14
저는 이제 어캅네까!

사흘이 지나도 순득이 열은 떨어지질 않았다. 온몸에 발진이 돋고, 눈도 게슴츠레했다.

"순득아! 순득아, 정신 차리라."

순득인 눈을 허여멀겋게 뜨고는 말이 없었다.

"순득아!"

순득이는 숨을 헐떡거리며 몸을 늘어뜨렸다. 봉애는 순득이 몸을 흔들며 울부짖었다. 발을 버둥대며 울었다. 봉애는 그제야 엄마 반지가 생각났다.

'그래 이럴 때 쓰라는 거였어.'

변소에 가서 반지를 꺼내 손에 꼭 쥐었다. 봉애는 축 늘어진 순득이를 허둥지둥 들쳐 업고는 병원으로 달려갔다. 병원엔 사람들로 북적북적했다. 한참을 기다리니 차례가 왔다. 의사 선생님은 순득이를 살펴봤다.

"폐렴이 진행되고 있구나. 서둘러 치료하지 않으면 안 된다."

의사 선생님이 단호히 말하면서 순득이 엉덩이에 주사를 놓았다.

"이 주사 이름이 페…… 페니실린입네까?"

"그건 왜 물어보느냐?"

"이 주사 맞으면 죽었다는 아이도 살아날 수 있다고……."

의사 선생님은 하얀 이를 드러내며 싱긋 웃었다.

"곧 괜찮아질 게다."

"선생님, 진료비가…… 이거이라도 받아 주시믄 감사하갔습네다."

봉애는 손에 쥐고 있던 엄마 반지를 내밀었다.

"꽤 급했던 모양이구나. 괜찮으니 그냥 가거라."

의사 선생님은 청진기를 책상에 내려놓으면서 빙그레 웃었다.

"감사합네다. 이 반지 팔믄 꼭 갚겠습네다."

봉애는 인사를 꾸벅했다. 그리고 다시 순득이를 업고 수용소로 돌아왔다.

순득이는 열이 좀 떨어지는가 싶더니 밤에 되니 다시 고열이 시작됐다. 봉애는 무명옷에 물을 적셔 와 순득이 이마에 올려 주었다. 봉애는 며칠 밤을 꼴딱 새우며 밤새 순득이를 보살폈다.

봉애는 엄마가 그립고 또 그리웠다. 엄마 생각을 하자 가슴이 뭉클했다. 엄마는 늘 머리카락이 반질반질했다. 동백기름을 차르르 바르고 곱게 머리를 빗고는 고운 공단 치마를 입었다. 그리고 엄마가 학교에라도 오는 날이면 봉애는 입꼬리가 한껏 올라가고 어깨가 으쓱했다.

'오마니!'

봉애가 수천 번도 더 부르고 불렀던 엄마였다. 귀염둥이 막내라며 상글상글 웃는 순득이 얼굴에 볼을 비비던 엄마 모습도 생각이 났다. 씩씩하고 명랑했던 아이가 이렇게 축 늘어져 있으니 봉애는 마음이 아렸다.

"야가, 벌써 몇 날이나 날밤을 새네. 내래 순득이 봐 줄터이 눈 좀 붙이라. 기러다 네가 죽겠구나야."

아주머니가 봉애를 잡아끌어 자리에 눕혔다. 봉애는 눕자마자 잠에 빠져들었다.

봉애는 눈을 번쩍 떴다. 얼마나 곯아떨어졌는지 날이 밝는 줄도 몰랐다. 봉애는 순득이 얼굴부터 만졌다. 역시 열이 펄펄 끓었다. 봉애는 순득이를 들쳐 업고는 병원으로 달렸다.

"쯧쯧. 폐렴이 많이 진행되었구나. 아무래도 입원을 해야 할 것 같은데 네 사정이…… ."

의사 선생님이 걱정스럽게 말했다.

"입원하갔습네다. 우리 동생, 살려 주시라요."

봉애 눈에서 닭똥 같은 눈물이 뚝뚝 떨어졌다.

순득이는 병실로 옮겨졌다. 좁은 병실엔 열 명 남짓 환자들이 누워 있었다. 총에 맞았는지 팔다리가 잘려 나간 사람들도 있고, 얼굴에 붕대를 친친 감은 사람도 있었다. 봉애는 가슴이 벌렁벌렁했다.

간호사가 와서 순득이 팔에 기다란 줄이 달린 병 주사를 놓아 주었다. '링거'라고 했다.

"순득이, 힘내라. 이제 다 나을 기야."

봉애가 나지막이 순득이 손을 잡고 말했다.

"오마니는?"

"네가 빨리 나아야 서울 가디 않갔네?"

순득이가 고개를 끄덕였다.

봉애는 순득이가 잠이 든 걸 확인한 후, 살금살금 병실 밖으로 나와 화장실에 들어갔다. 병원 화장실이라 냄새도 안 나고 깨끗했다. 봉애는 천천히 겉옷 단추를 풀고 가슴팍을 더듬더듬했다. 비단 주머니가 만져지질 않았다.

'이상하다.'

가슴이 쿵 내려앉았다. 허겁지겁 솜옷을 벗고, 스웨터도 벗었다. 그리고 겹겹이 껴입은 얇은 옷들도 다 벗었다. 그런데도 분명 있어야 할 비단 주머니가 없었다. 아무리 찾아도 보이질 않았다.

'어디서 흘린 걸까?'

봉애는 가슴이 덜덜 떨렸다. 다리가 후들거렸다. 화장실 문 두드리는 소리가 나자, 옷을 주섬주섬 입고는 밖으로 나왔다. 봉애는 어떻게 해야 할지 막막했다. 자꾸 눈물만 났다.

봉애는 허둥허둥 수용소로 돌아와서 비단 주머니를 찾았다. 가마니도 들추고 이곳저곳 샅샅이 다 뒤져도 주머니는 보이지 않았다. 어디에도 없었다.

봉애는 기가 막혔다. 아버지 집 약도가 그려진 누런 양회 종이를 생각하자 '이젠 아바지도 만나러 갈 수 없는 긴가.' 하는 생각이 들었다. 봉애는 눈물을 걷잡을 수가 없었다.

설핏, 스치는 생각에 봉애는 영옥에게 달려갔다.

"영옥 온니!"

봉애 목소리가 앙칼졌다.

"내 꺼이 내놔요. 내놓으란 말이요!"

봉애는 제정신이 아니었다. 식식거리며 영옥이 앞에 우뚝 섰다. 영옥은 아무런 반응이 없었다.

"내 꺼이 줘요, 어서 주시라요."

봉애는 영옥의 앞에 털썩 주저앉아 울며불며 애처롭게 사정했다.

영옥은 다른 사람이 되어 있었다. 눈동자는 흐릿하게 풀렸고, 옷은 다 풀어헤친 채 영희에게 젖을 물리고 있었다. 영옥의 품에 안긴 영희 얼굴은 파르스름했다. 영희는 더 이상 누런 콧물도 흘리지 않았다. 영옥은 정신이 나간 미친 사람 같았다.

봉애는 멍하니 영옥을 쳐다보았다.

"저 처녀 정신 나갔어야. 벌써 메칠째 저러구 있는 기야."

어떤 아주머니가 영옥을 바라보며 혀를 끌끌 찼다.

"애가 숨이 깔딱깔딱 넘어가니까 저 처녀가 자기 빈 젖을 물립디다. 저 작은 게 죽기 전까지는 그래도 살겠다고 젖꼭지를 아귀아귀 빨더라니깐."

아주머니들이 지나가면서 한숨을 쉬며 한마디씩 했다.

봉애는 아무 말 없이 터덜터덜 뒤돌아섰다. 손발이 바들바

들 떨리고 정신이 가물가물했다. 하늘이 무너지고 심장이 멎는 것 같았다. 봉애는 정신을 잃고 운동장 한가운데 쓰러졌다. 순식간에 사람들이 몰려왔다.

"이 아이는 제 숙소에 묵는 아이입네다."

마침 같은 교실에 묵던 아저씨가 봉애를 안아 제자리에 데려다 눕혔다.

"야야! 정신 차리라."

옆의 할머니가 봉애 볼을 때리면서 입술에 물을 축였다.

"야가 이거이 큰일났구만."

할머니가 어찌할 바를 몰라 안절부절했다.

봉애는 정신이 겨우 들자 갑자기 대성통곡을 했다.

"어캅네까. 오마니, 저 이제 어캅네까!"

봉애는 사나운 짐승처럼 울부짖었다.

"야를 우터한담. 네만 그런거이 아니다야."

할머니가 봉애를 안더니 눈물을 닦아 주었다.

"여기 있는 사램들 다 부모도 형제도 잃고, 집도 재산도 고향도 다 잃어버렸어야."

할머니가 울먹이며 울분을 토했다.

"이눔의 전쟁은 언제 끝나는 기야, 대체!"

한 아저씨도 코를 훌쩍이더니 밖으로 나갔다. 여기저기서 사람들의 울음소리가 들렸다. 그동안 참고 참았던 눈물을 쏟는 것 같았다. 마치 곡소리 같았다.

15
달달한 봄바람이 불어오다

봉애는 순득이를 업고 병원에서 나왔다. 하늘은 봉애 마음 마냥 잿빛 구름이 잔뜩 끼어 있었다. 그러더니 하얀 눈이 폴폴 날리기 시작했다. 봉애는 차가운 바람에 몸을 움츠리며 탈래탈래 걸었다.

불과 한 달 남짓 봉애는 너무나 큰 변화를 겪고 있었다. 엄마를 잃은 아픔을 제대로 슬퍼하지도 못하고, 마음이 아리고 아플 겨를도 없이 숨 가쁘게 지내왔다. 아버지를 만난다는 희망으로 여기까지 왔는데. 약도를 잃어버렸으니 아버지를 찾을 길이 막막했다. 봉애는 머릿속으로 양회 종이에 그려진 약도를 그려 보았다. 꼬불꼬불 그려진 길은 떠오르지만 서울

역 외에 지명은 하나도 생각이 나질 않았다.

'우리가 이사 갈 집이 토…… 무슨 동 58번지였는데.'

봉애는 영영 아버지를 만날 길이 끊긴 것 같아 슬픔이 복받쳤다.

순득이가 이렇게 아픈데 이젠 더 이상 병원도 갈 수 없고 약도 살 수 없다. 봉애는 차츰 엄마도 원망이 되고, 어디 있는지조차 모르는 아버지도 미웠다. 더더욱 영옥을 생각하면 화가 머리끝까지 오르고 치가 떨렸다.

봉애는 타달타달 걸어서 수용소로 돌아왔다.

"좀 괜찮은 기네?"

할머니가 일어나 봉애 손을 맞잡아 주었다.

봉애는 고개를 젓기만 할 뿐 아무 말도 하지 못했다.

"여기다 아를 눕히라. 그 냥반도 이제 떠났으이 자리를 편하게 쓰라."

할머니가 휑한 아주머니 자리를 툭툭 치며 말했다.

"아주마이 어디 가셨시요?"

"떠났어야. 누가 찾아와 데리고 갔다나? 암튼 뭐이가 그리 급한지 허둥지둥 가더구나."

"내래 정신이 없어서 인사도 못 드렸네요."

"그 냥반 없으니 내도 마음이 적적하구나야. 우터하겠네? 만났으므 또 이르케 헤어지는 기 인생이디. 별다른 기 뭐 있간?"

할머니가 훌쩍이더니 코를 휭 풀었다.

봉애는 우두커니 서서 빈자리를 보니 아주머니 모습이 알씬거렸다.

'정이 두텁고 참 따스한 분이셨는데.'

아주머니를 많이 의지했었는데 훌쩍 떠났다니 섭섭하고 서운했다. 무엇보다 고맙다는 인사도 못 한 것 같아 죄송한 마음이 들었다. 봉애는 팔을 걷어붙이고 아주머니 자리를 청소했다.

"순득이 나한테 주고 하라."

할머니가 봉애 등에서 늘어져 있는 순득이를 번쩍 안아 빼 갔다. 아주머니가 썼던 자리를 만지니 따뜻한 숨결이 느껴졌다. 봉애는 가마니를 손으로 탈탈 털고 걸레로 싹싹 문질렀다. 가마니를 들추고 손을 깊숙이 넣고는 바닥도 깨끗하게 닦았다. 바스락 종이 쓰레기가 손에 스쳤다. 봉애는 손을 길게 뻗어 종이를 끄집어냈다. 꼬깃꼬깃 구겨진 누런 양회 종이였다. 봉애는 조심스레 종이를 펼쳐 보았다.

"아!"

그건 아버지가 그려 준 약도였다. 봉애는 온몸에 소름이 쫙 끼쳤다. 가슴이 쿵쾅거리며 방망이질 쳤다. 바닥에 쿵 주저앉았다. 봉애는 엉금엉금 기어서 할머니에게로 갔다.

"할마이, 이 아주마이 어데로 가셨습네까?"

봉애는 가슴이 바들바들 떨리고 심장이 멎는 것 같았다.

"무신 지방으루 간다나? 고마운 마음은 알갔지만 뭘 거기까지 찾아가 인사하려구 하네?"

할머니가 순득이를 끌어안고 까무룩 졸았는지 소매로 입가의 침을 닦았다. 봉애는 아주머니가 그런 사람이었다니 믿을 수가 없었다. 가슴이 떨리고 분해서 견딜 수가 없었다. 엉뚱하게 영옥을 의심한 것을 생각하니 불에 덴 것 마냥 온몸이 화끈거렸다.

그날 밤부터 순득이는 다시 열이 펄펄 끓었다. 먹은 것을 다 토해 내고, 밤새 쿨럭쿨럭 기침을 했다.

"오마니, 오마니."

순득이는 눈꺼풀을 파르르 떨며 엄마를 찾았다. 순득이가 캑캑거리자 봉애가 등을 두드려 주었다. 순득이가 컥! 기침을 하더니 주먹만 한 가래를 뱉었다. 거기엔 빨간 피가 섞여 있었다. 봉애는 덜컥 겁이 났다.

'오마니, 순득이 좀 살려 주시라요.'

봉애는 하염없이 눈물만 흘렸다.

날이 갈수록 순득이는 물까지 꼴깍꼴깍 토했다. 엄마도 찾지 않았다. 팔다리를 축 늘어뜨린 채 가끔 숨만 껄떡거렸다.

"먹어야 살디. 이거라도 훌훌 넘기라, 그러다 네가 먼저 가갔어."

할머니가 밥에 물을 말아 봉애 입에 갖다 댔다.

"어서 훌훌 삼키라."

봉애는 살래살래 고개를 저었다.

할머니가 숟가락으로 봉애 입으로 떠먹여 주었다. 봉애는 마지못해 할머니에게 밥그릇을 받아 들고는 천천히 떠먹었다. 할머니가 소금에 절인 무청을 입에 넣어 주었다.

다음 날, 보건소에서 나와 수용소 곳곳에 소독을 했다. 그리고 사람들을 일렬로 세우더니 '디디티'라는 하얀 약 가루를 머리부터 온몸에 퍼부었다. 흰 가루를 뒤집어쓴 아이들은 뭐가 좋은지 깔깔거리면서 시시덕거렸다. 봉애도 살포시 입꼬리가 올라갔다.

흰옷을 입은 간호사가 순득이를 살펴보더니 고개를 갸웃거렸다. 그러더니 순득이 엉덩이를 찰싹 때리고는 주사를 팡! 놔 주었다.

"수시로 차가운 찜질해 주고, 그래도 열이 안 떨어지거나 더 심해지면 도립병원으로 데리고 와라."

봉애는 너무 기뻐서 눈물이 났다. 밤새 차가운 물을 떠다 놓고 수시로 찜질을 했다. 드디어 순득이가 열이 조금씩 떨어지는 것 같았다. 숨소리도 나아지고, 낯빛도 돌아오는 것 같았다.

"네 정성이 하늘에 닿았나 보다."

할머니가 봉애 등을 두드려 주었다.

잠든 순득이 얼굴을 보니 한결 편안해 보였다. 봉애는 밖으로 나와 의자에 걸터앉아 한숨을 돌렸다. 봉애는 사무실에 가서 수용소 명부를 찾아 아주머니가 어디로 갔는지 확인해야겠다고 생각했다. 입실 명부를 뒤져보니 1월 9일에 김봉애, 김순득 그리고 양옥순이라고 아주머니 이름이 적혀 있었다.

'맞아, 아주마이 이름이 양옥순이었디.'

퇴실 명부를 찾아 뒤적였다. 하루에도 수많은 사람이 들어오기도 하고 또 그만큼 나가기도 했다. 퇴실하는 사람 이름

옆에는 가는 곳 지명이 빼곡히 적혀 있었다. 그러나 수십 번을 찾고 또 찾아봐도 양옥순이라는 이름은 보이질 않았다.

봉애는 사실 아주머니가 간 곳을 안들 찾을 길은 없다는 것을 알지만, 그래도 온몸에 힘이 쑥 빠지는 것은 어쩔 수 없었다. 봉애는 마음을 추스르고 영옥에게 찾아가 사과부터 해야겠다고 생각했다.

"영옥 온니!"

영옥은 눈 주위가 움푹 꺼져 있었다. 입술은 울퉁불퉁 부르터 있었고, 살짝 건드리기만 해도 픽 쓰러질 것만 같았다.

"좀 괜찮습네까?"

봉애는 쭈뼛거리다 영옥이 옆에 가 앉았다. 그리고 주머니에서 목도리를 꺼내 영옥의 목에 둘러 주었다.

"팔 남매 중에 우리 영희가 제일 밝고 똑똑했어야. 목소리는 또 얼매나 까랑까랑했는지 몰라. 그러더이 오마니가 죽고 나서 애가 갑즉스레 이상해지는 기야. 기때부터 말을 한 마디도 안 하는 기야. 그리구 먹을 거이만 보면 사족을 못 쓰고 짐승처럼 달려들었지 않네."

영옥은 눈물을 훔쳤다.

"그때 정말 미안했시오."

봉애는 영옥의 손을 잡았다.

"네가 뭐가 미안하네? 영희 죽고 내래 메칠 정신이 나갔을 때 네가 찾아와 준 것만도 큰 위로가 됐어야. 봉애 동생, 정말 고마워."

영옥은 봉애 등을 문지르며 웃었다.

"제가 그때 정신이 나갔어서. 정말정말 미안했시오."

봉애는 어깨를 옴츠리며 양손을 문질렀다.

"그런 소리 말라. 내가 오히려 미안한 게 많다."

"아닙네다."

"참, 순득이는 좀 어떠네?"

"두고 봐야겠지만 이제야 좀 괜찮아지는 것 같아 보입네다."

"이거 그때 내가 준 거 아니네?"

영옥은 목에 두른 목도리를 만지작거렸다.

"그땐 정말 고마웠어요. 온니, 힘내시라요."

봉애는 주머니에서 알사탕 두 개를 꺼내어 영옥의 손에 꼭 쥐어 주었다. 영옥이 이를 드러내며 살포시 웃었다.

봉애가 자리로 돌아와 보니 순득이는 아직도 자고 있었다. 낯빛이 비교적 선명해 보였다. 얼굴을 만져보니 여전히 뜨끈했지만 다행히 펄펄 끓지는 않았다. 봉애는 맛있게 죽을 쑤어 먹여야겠다고 생각했다. 순득이 병이 낫는 대로 어떻게 하든 부산으로 내려가 아버지를 찾아야겠다고 마음먹었다.

봉지에서 쌀을 한 줌 꺼내어 냄비에 쏟고 밖으로 나갔다. 하늘에서 까치가 깍깍 울어댔다. 봉애는 하늘을 한 번 올려다 보고는 불 앞에 쭈그리고 앉았다. 그리고 냄비에 물을 가득 붓고 쉬지 않고 쌀을 계속 저었다. 정수리가 햇볕에 달아올라 뜨끈했다.

오늘따라 햇빛이 눈부셨다. 봉애는 눈을 가느스름하게 뜨고는 이마에 송글송글 맺힌 땀을 닦았다. 그때 멀리서 키가 큰 아저씨가 성큼성큼 걸어오고 있었다. 그러더니 어떤 여자에게 종이를 내보이며 무엇을 물어보는 것 같았다. 그 여자는 뭐라뭐라 하며 손가락으로 봉애 쪽을 가리키고 있었다. 키가 큰 아저씨는 고개를 끄덕이더니 봉애가 있는 수용소로 향해 뛰다시피 걸어오고 있었다.

봉애는 죽을 휘휘 젓다가 숟가락을 툭 떨어뜨렸다. 왈칵 눈물이 솟았다. 가슴이 쿵쿵 방망이질 쳤다. 다리가 후들거리고 손끝이 바들바들 떨렸다. 봉애는 느릿느릿 자리에 일어섰다.

"아…… 아, 아바지!"

키가 큰 아저씨가 우뚝 걸음을 멈췄다.

바람이 불었다. 훈훈하고 달달한 봄바람이었다.

작가의 말

엄마가 보고 싶은 날

내가 아주 어렸을 때다.

엄마는 해 바뀐 달력 뒷면에다 그림 그리는 걸 좋아했다. 둥그런 밥상에 어린 삼 남매를 앉혀 놓고, 엄마는 그림을 손으로 짚어 가며 이야기를 해 주었다. 나는 너무 재미있어서 달력을 질질 끌고 엄마를 따라다니며 이야기를 또 해 달라고 조르고 졸랐다. 그러면 엄마는 같은 그림을 갖고도 조금 전과 전혀 다른 이야기를 만들어 들려주었다. 나는 귀를 쫑긋 세우고, 옥시글옥시글 무한한 상상력을 총동원하여 깔깔거리기도 하고, 울음을 터트리기도 했다. 어떤 때는 얼마나 무서운지 귀를 틀어막고 악악 소리를 지르며 방안을 깡충거리다 오줌을 지린 적도 있다.

이렇게 솜사탕 같이 달달한 추억을 떠올리면 지금도 마음이 보들보들해진다.

때로는 엄마가 이상한 말도 했다.

오빠 이야기이다. 나는 오빠가 없다. 그런데 엄마는 나에게 오빠가 있다고 했다. 한 번도 본 적도, 만난 적도 없는 나의 친오빠가 저 멀리 북녘이라는 곳에서 살고 있다고 했다.

"우리 집은 여긴데 왜 거기서 살아?"

나는 오빠 이야기를 그저 신기한 옛이야기로 흘려 들었다.

학교에 입학을 하고, 학년이 높아질수록 나는 점점 그 이야기에 관심을 갖게 되었다. 엄마가 촉촉한 눈으로 이야기할 때, 나는 눈을 반짝이며 귀 기울여 들었다.

"6.25 한국 전쟁 때, 우리 국군이 다 이기고 있었어야. 그런데 갑즉스레 중공군이 밀고 내려오지 않갔어. 네 아버지는 직장 일로 먼저 남쪽으로 내려왔디. 나 혼자 어카갔어? 나는 두 살 난 아기를 등에 업고, 허둥허둥 피란을 내려오게 되었지. 그게 1951년 1월 4일, 일사후퇴 때 일이야."

엄마는 아직도 생생한지 너무나 실감나게 이야기를 해서, 마치 내 머리 꼭대기에서 폭격기가 날아다니는 것만 같았다. 포탄이 "쾅, 쾅!" 터지는 것 같아 가슴이 두근두근 울렁거렸다.

"그때 당시, 다섯 살 아들 녀석을 할머니 집에 잠시 맡겼었거든. 곧 데리러 온다고 손가락 걸고 약속까지 했디. 그런데……."

"엄마, 엄청 기다렸겠다."

"기래서 피란길에 그 아이에게 가려고 몇 번이나 죽을 고비를 넘으면서 시도를 했지만 결국 가지를 못했어야."

수없이 듣던 이야기라 나는 울지 않으려고 눈을 껌벅껌벅하다가도 엄마가 눈물을 훔치면 어김없이 나도 왈칵 눈물을 쏟곤 했다.

"업혀 있던 두 살 난 아가는 피란 내려오다가 그만…….''

엄마는 다섯 살 아이는 북녘에 두고 오고, 두 살 아기는 피란길에 잃었다.

구십 세를 앞둔 노모가 얼마 전 하늘나라로 떠났다. 엄마는 눈을 감는 순간까지 다섯 살 아이를 찾고 또 찾으며, 연거푸 미안하다는 말만 했다.

아들 사진 한 장 갖고 오지 못했다고 평생 애통해하던 엄마가 아들에게 돌아간다는 약속을 지키지 못한 채 이렇게 칠십 년 세월이 흘렀다.

비록 엄마는 하늘나라에 계시지만 가슴 한쪽에 늘 맺혀 있던 응어리진 마음을 조금이라도 풀어 드리고 싶어 이 글을 쓰게 되었다.

엄마가 사무치게 보고 싶고 그리운 날, 나는 이 책을 들고 엄마가 계신 산소에 찾아갈 것이다. 오는 길에 엄마와 자주 갔던 임진각과 통일전망대에 들러서, 엄마가 항상 하던 대로 전쟁이 아닌 평화 통일의 염원을 담은 기도를 할 것이다. 우리는 같은 민족이며, 핏줄인 나의 오빠를 하루라도 빨리 보고 싶으니까.

  이 책을 통해 어린이 독자들도 평화로운 세상에서 살고 있는 것이 얼마나 감사한 일인지 그리고 우리나라 전쟁의 아픈 역사를 다시 한번 새기는 시간이 되었으면 좋겠다.

  이 책이 멋진 모습으로 세상에 나오기까지 정성을 들이신 머스트비 출판사 분들, 풍성한 그림을 그려 주신 강화경 작가님. 감사합니다.

  늘 곁에서 응원해 주는 나의 글벗들과 드림팀 그리고 창작하는 내내 엄마와의 추억을 이야기하며 큰 힘이 되었던 나의 언니 김원옥 님과 남동생 김영진 님. 작은 일에도 아낌없이 박수를 쳐 주는 사랑하는 나의 아들 형산, 형직 그리고 남편께 감사 드립니다.

  2019년 늦가을, 햇살 가득한 나만의 방을 선뜻 내어 준 토지문화관에도 마음을 듬뿍 담아 깊은 감사의 마음을 전합니다.

2021. 김정옥

부록 1951년 1월의 이야기

1. 4후퇴 때 남쪽으로 내려온 봉애, 봉애는 왜 서울로 와야만 했을까.

　6.25 전쟁에 대해서는 아마 잘 알고 있을 거예요. 1950년 6월 25일 새벽에 북한 공산군이 남북 군사분계선이던 38선 전역에 걸쳐 불법 남침함으로써 일어난 전쟁이죠. 그러나 다행히도 한국군과 유엔군이 힘을 합쳐 공산군을 압록강과 두만강 유역까지 밀어붙여 북진할 수 있었습니다. 그러나 1950년 10월 25일 중국이 전쟁에 개입하면서 1950년 11월 말부터 1951년 1월 사이 한국군과 유엔군은 다시 서울 이남 지역까지 철수하게 되죠. 이 사건으로 수많은 피란민이 발생하게 됩니다. '1·4 후퇴'라는 명칭은 북한군이 서울을 다시 점령한 1951년 1월 4일의 날짜에서 비롯되었다고 해요.

　당시 퇴각하는 한국군과 유엔군을 따라 북한 지역에 살던 주민들이 남한

지역으로 피란을 오면서 수많은 난민과 이산가족이 발생하게 됩니다. 이 이야기도 봉애가 북한군을 피해 먼저 남하한 아버지를 찾아 뒤늦게 남쪽으로 내려오면서 겪게 되는 이야기를 담고 있어요. 북한군이 다 떠난 줄 알았던 봉애네 가족은 할머니 생신날이라는 행복한 마지막 기억을 마음에 담은 채, 갑자기 밀려오는 북한군과 중국군을 피해 정신없이 길을 떠나게 됩니다. 추운 겨울, 무조건 서울로 향하긴 했지만 이미 서울도 북한군에 점령당한 상황, 봉애는 더 아래 지방인 군산 피란민 수용소에서 아버지를 만날 날만을 기다리게 된 거죠.

이후 대대적인 반격을 가한 한국군과 유엔군이 3월 14일 다시 서울을 되찾게 되었고, 봉애도 아버지를 만나게 되면서 다시금 봄바람이 불게 됩니다. 하지만 이 전쟁은 1953년 휴전협정이 맺어질 때까지 계속되었답니다.

전쟁이 남긴 슬픔을 기억해야 해요.

부모님을 전쟁으로 잃고, 일가친척을 북에 남겨둔 사람은 비단 봉애뿐이 아닙니다. 지금도 수많은 이산가족이 전쟁의 아픔을 고스란히 기억하고 있지만 그 시대를 겪은 분들이 나이가 들어가고 세대가 바뀜에 따라 점점 잊혀지고 있습니다. 우린 지금도 분단국가임을 명심해야 합니다. 평화를 위해 애쓴 모든 분께 감사하고, 전쟁의 슬픔과 그 참상을 기억하며, 다시는 전쟁이 일어나지 않도록 염원하는 것이 우리가 해야 할 일이 아닐까요.

엄마의 마지막 선물

봉애는 남하하기 전날, 어머니가 만든 명태순대를 싸들고 할머니 댁으로 가게 되죠. 할머니 생신상을 차려드리기 위해서였습니다. 명태순대는 어머니가 만들었지만 그 비법은 할머니에게 배운 거라고 했죠. 명태순대는 명태(동태)의 배를 가르지 않고 생선머리를 따서 아가미 쪽으로 손을 넣어 창자를 깨끗이 들어내고, 명태내장·고기·채소·두부 등을 다져 양념한 소로 다시 속을 채워 넣어 입을 오므려 묶은 것으로 찌거나 구워서 먹는 음식이에요. 보통은 김장 때쯤 만들어 밖에서 꿰매 달아 꽁꽁 얼려 놓고 먹거나 설 등의 명절 때 아주 많이 만들어 손님 접대용으로 쓰였는데, 주로 함경도에서 즐겨 먹던 음식이라고 합니다.

봉애도 어머니가 명태순대를 만드는 모습을 보고, 그 방법을 줄줄이 외고 있었습니다. 할머니에게서 어머니에게로 이어온 명태순대. 남으로 내려올 때 먹었던 명태순대가 들어간 주먹밥. 봉애는 할머니와 어머니가 만들어주었던 명태순대의 맛을 잊지 못할 겁니다.